개강한
대학생활백서

개강한
대학
생활
백서

홀릭(빅세리)의 개강한 대학생활 일대기

1학년		2학년		3학년	
2016		2017		2018	
1학기	2학기	3학기	4학기	5학기	6학기
동아리) 통역봉사단 학생대표				대학원 수업조교	(여름) 미국교환 (정규) 영국교환
동아리) 지식나눔멘토링 팀장					
학회) 연극학회					
운동 클럽) Floorball 부원		영어 과외 (내신, 회화)			

4학년		5학년		졸업
2019		2020		2021
7학기	휴학	8학기	9학기	졸업
서울특별시 창업공모전 팀장	인턴1 (6개월)	교생실습	인턴2 (6개월)	인턴3 (2개월)
고용노동부 창업공모전 팀장				인턴4 (4개월)
싱가포르 글로벌 탐방단	삼성 디스플레이 사회공헌 공모전 팀장			인턴5 (3개월)
토론대회 참가				

프롤로그

책 《개강한 대학생활백서》를 기획할 때, 처음 대학생이 되었던 순간을 생각해 보았습니다. 새로운 학교, 새로운 환경, 낯설었던 온갖 대학 용어들까지… 처음 맞닥뜨리는 것들은 너무 많은데 아무도 알려 주는 사람이 없어서 모든 것이 막막했었지요.

에브리타임에 선배들이 알려 주는 팁과 조언들을 찾아다니며 스크랩하고, 캡처하며 하나하나 새겼던 순간이 기억납니다. 그럴 때 이런 책이 있었다면, 이렇게 모든 대학 생활 팁을 담은 엑기스 같은 책이 있었다면 정말 좋았겠다고 생각하면서 하나하나 소중히 집필하였습니다. 대학교 1학년 새내기부터 졸업반까지의 발자취를 떠올리며, 1장부터 7장까지 쭉 따라가면서 읽다 보면 비슷한 상황에 놓였을 때 당황하지 않고 잘 대처할 수 있도록, 저의 대학 시절 궁금증과 시행착오를 바탕으로 구성해 보았습니다.

1장에는, 이제 막 대학생이 되어서 첫 번째로 하게 될 고민, 시간표 짜는 방법을 담았습니다. 전공필수, 교양선택, 필수이수학점, 졸업학점 등 낯선 용어 때문에 더 망설여질 텐데, 책을 읽고 나면 시간표는 눈 감고도 짤 수 있을 정도로 쉽게 소개했습니다.

수강신청을 하게 되면 본격적으로 개강을 맞고 학기가 시작됩니다. 처음 접하는 대학교 공부가 참 낯설 것입니다. 저도 처음 개강하고 보는 교수님과 동기들이 많이 어색했습니다. 대학교 공부는 도대체 어떻게 해야 하는지 감이 잘 잡히지 않았죠.

어떤 식으로 공부해야 성적을 잘 받을 수 있는지, 어떤 식으로 시험 답안을 작성해야 하는지, 또 리포트와 팀플이라는 듣지도 보지도 못한 방식은 어떻게 해야 하는지 막막할 텐데요. **2장**(시험 공부법)**부터 3장**(리포트 작성법), **4장**(팀플레이)**에 걸쳐 누구나 쉽게 이해되도록 차근차근 정리해 두었습니다.** 그 어디에서도 듣지 못했을 조별 과제 역할 분담법, 교수님께 보내는 메일 작성법, 출처 남기는 방법 등 놓치면 안 될 중요한 팁까지 알차게 담아냈습니다.

이렇게 중간고사에 팀플, 과제, 그리고 기말고사까지 마치게 되면 한 학기가 끝나고 종강하게 됩니다. 첫 번째로 맞는 대학교 방학 기간이 시작되면 동아리, 학회, 대외활동에 자연스레 눈이 갈 텐데요, 친구들이 서서히 대외활동을 시작하고 동아리 활동을 하니 나도 하나쯤 해야 할 텐데 무얼 해야 할지, 궁금증과 호기심이 생길 겁니다.

수많은 대외활동, 동아리, 학회가 있는데 각각의 차이점은 무엇이고, 그중에서도 괜찮은 활동을 고르려면 어떻게 해야 할까요? **5장에서는 대학 생활의 꽃이라고 할 수 있는 대외활동의 종류와 나에게 맞는 동아리 고르는 방법, 추천하는 활동 리스트 등을 소개합니다.**

이렇게 동아리, 대외활동까지 하고 나면 대학교 1, 2학년이 금방 지나갈 것입니다. 대학교 3학년 때부터는 대학 생활의 로망이라고 불리는 교환학생에 파견되는 친구들이 점점 생길 텐데, 나도 한 번쯤 교환학생으로 가 보고 싶다는 생각이 들기도 할 것입니다.

말로만 들었던 교환학생, 해외에 나가는 것이 두렵기도 하고, 어떤 준비를 해야 할지 참 막막할 텐데요. **6장에서는 교환학생 준비 방법부터, 교환학생 생활의 장단점, 후기까지 꼼꼼히 확인할 수 있습니다.**

만만찮은 비용과 기회비용이 드는 만큼 필수는 아니지만, 대학 생활의 로망이라고 불리는 교환학생제도. 어떻게 준비해야 하고, 어떤 나라와 어떤 학교를 선택해야 하는지 궁금하신 분들은 특히 6장을 주의 깊게 읽어 보기를 바랍니다.

교환학생까지 다녀오면 보통 대학교 4학년이 되었을 것입니다. 졸업반이라고도 불리는 마지막 학년이 되면 진로와 취업에 대한 고민이 커지는 시기인데요, 졸업하면 무엇을 해야 하나라는 생각이 늘 따라다닐 겁니다. 그래서 **7장에서는 인턴 생활 그리고 취업 준비에 대한 팁을 담아 보았습니다.** 회사란 어떤 곳인지, 사람들이 흔히 말하는 취업 준비란 어떤 것인지, 회사에 지원할 때 나는 어떤 팀, 어떤 부서에, 어떤 직무로 지원하는 것이 좋을지 등 다양한 팁을 얻을 수 있습니다.

정성을 다해 준비했지만 제가 이 책에 쓴 말들이 결코 정답은 아닐 것이며, 저의 대학 생활 경험을 토대로 한 것이기에 사람마다 생각이 다를 수도 있습니다. 대학 생활에는 제각각 다른 모양이 있다고 이해해 주시고, 다만 여러분보다 조금 먼저 대학 생활을 경험한 선배가 하는 이야기로 생각해 주기를 바랍니다.

책을 읽고 혹시 더 이야기를 나누고 싶은 분들은 저의 블로그(홀릭 블로그 http://blog.naver.com/saripark1)로 찾아와 주세요. 어떠한 고민, 이야기도 좋습니다.
저는 대학 생활이 너무나도 재밌고, 풍성하고, 행복했습니다. 여러분도 이 책을 통해서 더욱 다채롭고 즐거운 대학 생활을 보낼 수 있기를 진심으로 응원하고 바랍니다.

▲ 홀릭 블로그 바로가기

CONTENTS

START

A+를 위한 리포트 작성법

완벽한 팀플을 위한 열 가지 방법

대외활동/동아리/학회
에 대한 모든 것

대학 생활의 로망, 교환학생!

인턴 생활과 취업 준비

◁ ▷ ❙❙ ◻ ▷❙ ▁

1장

내게 꼭 맞는 시간표 짜는 법

내게 꼭 맞는 시간표 짜는 법

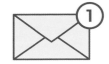

성공적인 대학 생활을 결정짓는 핵심 요소는 '대학 생활 시간표'가 아닐까 합니다. 어떤 시간에 어떤 과목을 들을지를 선택하는 것이 한 학기 동안의 생활 패턴부터 전공학점까지 결정지을 테니까요.

고등학교와 대학교의 가장 큰 차이는 바로 본인이 직접 시간표를 짤 수 있다는 것인데요, 그렇다면 어떤 시간표가 좋은 시간표이고, 어떤 식으로 짜야 할까요?

대학 시간표는 뭐가 다를까?

대학교에는 '졸업 요건'이라는 것이 있습니다. 어떤 학교든지 졸업하기 위해서 반드시 들어야 하는 과목들이 있고, 최소 몇 과목 이상 들어야 한다는 규칙인데요. 대학교 홈페이지에 고지된 '졸업학점 배정표'를 통해 확인할 수 있습니다.

→ 대학교 홈페이지에서 학사>졸업학점 배정을 찾아보자!

이것만은 꼭 알아 두자!
대학 용어 백과

· **학부 :** 자신의 전공이 소속된 단과대학을 의미합니다. 예를 들어 '영어영문학전공'이라면, 영어영문학부 안에 소속된 '영어영문학전공' 학과라고 생각하면 됩니다.

· **전공 :** 자신이 4년 동안 소속되어 배울 전공 학과를 뜻합니다.

· **졸업학점 :** 졸업하기 위해서 꼭 채워야 하는 학점을 의미합니다. 졸업학점이 140학점이라면, 8학기를 다닌다고 가정했을 때 한 학기당 최소 18학점씩 수강해야겠죠? 140학점÷8학기=17.5학점

• **학점 :** 일주일을 기준으로 1시간을 수업하는 과목에 1학점을 부여합니다. 2학점짜리 과목은 일주일에 2시간을 수업하는 과목이고, 3학점짜리 과목은 일주일에 3시간을 수업하는 과목이 되겠죠.

> 예) 일주일에 1시간 30분씩 두 번 수업하는 과목은 3학점 (1시간 30분×2=3시간)
> 　　일주일에 1시간씩 두 번 수업하는 과목은 2학점 (1시간×2=2시간)
> 　　만약 한 학기에 3학점짜리 과목 6개를 수강한다면 총 18학점을 수강하는 것이 되겠죠?

• **최대수강학점 :** 내가 원한다고 해서 한 학기에 10과목, 20과목씩 몰아서 들을 수 없습니다. 바로 최대수강학점이 존재하기 때문인데요, 한 학기에 최대로 수강할 수 있는 학점을 말합니다. 만약 최대수강학점이 24학점이라면, 한 학기에 3학점짜리 과목 8개까지만 수강할 수 있습니다.

• **추가학점 :** 성적이 일정 기준을 넘는다면, 학교에서 성적 우수자에 한해 추가수강 가능 학점을 부여합니다. 만약 추가 수강 가능 학점 기준이 3.7/4.3인 학교에서, 지난 학기 평균 점수가 3.7점을 넘었다면 그다음 학기에는 본래 주어지는 최대수강학점(24학점)에 추가학점(3학점)이 더해져 최대 27학점까지 수강할 수 있습니다. 최대수강학점 24학점+추가학점 3학점=27학점

과목번호	과목명(국문)	과목명(영문)	인정교과구분	이수단계	학점/이론/실습
21001063	국제경영학	INTERNATIONAL MANAGEMENT	전공필수	3학년	3/3.0/0.0
21001056	마케팅원론	PRINCIPLES OF MARKETING	전공필수	2학년	3/3.0/0.0
21001079	생산 및 운영관리	PRODUCTION AND OPERATIONS MANAGEMENT	전공필수	2학년	3/3.0/0.0
21001052	재무관리	FINANCIAL MANAGEMENT	전공필수	2학년	3/3.0/0.0
21001076	조직행동론	ORGANIZATIONAL BENAVIOR	전공필수	2학년	3/3.0/0.0

21001055	회계원리	FINANCIAL ACCOUNTING PRINCIPLES	전공필수	1학년	3/3.0/0.0
21103992	ASEAN 지역 비즈니스개발학	ASEAN REGION BUSINESS DEVELOPMENT	전공선택	3~4학년	3/3.0/0.0
21104031	EU 지역 비즈니스 개발학	EU REGION BUSINESS DEVELOPMENT	전공선택	3~4학년	3/3.0/0.0
21101322	IT와 비즈니스혁신	IT AND BUSINESS INNOVATION	전공선택	3학년	3/2.0/1.0
21104615	R로 배우는 데이터 분석 입문	INTRODUCTION TO DATA ANALYSIS WITH R	전공선택	1~2학년	3/3.0/0.0

· **전공필수 :** 졸업하기 위해서, 해당 전공자라면 꼭 들어야만 졸업할 수 있는 '전공필수'과목이 있습니다. 전공과목에는 '이수단계'가 존재합니다. 해당 과목의 난이도를 고려해 권장 학년을 추천해 주는데요, 보통 권장 학년에 해당하는 학생들이 본 수업을 수강하기 때문에 커리큘럼과 권장 학년에 맞추어 수업을 듣는 것을 추천합니다.

· **전공선택 :** 전공필수를 제외한 나머지 전공과목들을 '전공선택'이라고 합니다. 반드시 채워야 하는 전공선택 학점이 존재하기 때문에, 몇 과목을 들어야 할지 미리 계산해 보아야 합니다.

만약 전공선택과목으로 30학점을 채워야 한다면, 한 학기당 최소 3~4과목을 수강해야겠죠. 이때 고려해야 할 것은 1학기에만 열리는 과목이 있고, 2학기에만 열리는 과목이 있다는 것입니다. 따라서 내가 신청하는 학기에 열리는 과목인지 먼저 확인한 후, 이에 맞추어 수강신청 계획을 짜야 합니다.

· **교양필수 :** 학교에서 지정한, 필수로 반드시 들어야 하는 교양과목.
· **교양선택 :** 교양필수를 제외한 나머지 교양과목.

졸업학점 계산하는 방법

계열	대학 · 독립학부	학부 · 학과 · 전공	졸업 학점	교양 학점		제1전공 학점						복수전공 학점			부전공 학점
				교양 필수	교양핵심 선택	심화과정			다전공과정						
						필수	선택	계	필수	선택	계	필수	선택	계	
예체능	미술대학	시각영상디자인과	130			25	41	66	25	23	48	25	17	42	
		산업디자인과				32	34	66	32	20	52	32	10	42	
		환경디자인과				20	44	64	20	22	42	20	22	42	
		공예과				40	30	70	20	22	42	20	22	42	
		회화과				31	35	66	31	11	42	31	11	42	
인문 사회	글로벌서비스학부	글로벌협력전공		12	15	18	36	54	18	24	42	18	24	42	21
		앙트러프러너십전공				15	45	60	15	30	45	15	24	39	
	영어영문학부	영어영문학전공	125			15	45	60	15	30	45	15	24	39	
		테슬(TESL)전공				15	36	51	15	27	42	15	27	42	
	미디어학부	미디어학전공				18	45	63	18	30	48	18	24	42	

Q. 여기서 간단한 퀴즈! 위의 표를 참고했을 때 만약 '영어영문학'을 본전공으로 하는 학생이 '미디어학'을 복수전공한다면 졸업 전까지 총 몇 학점을 수강해야 할까요?

A. 최소 129학점.

교양필수 12학점, 교양선택 15학점

1전공필수 15학점, 1전공선택 45학점

(복수)전공필수 18학점, (복수)전공선택 24학점

⇨ 꼭 충족해야 하는 과목들을 나열하면 129학점(12+15+15+45+18+24)으로, 졸업 기준학점인 125학점을 초과하기 때문에 129학점만 수강하면 졸업이 가능합니다.

대학교에는 누가 먼저 알려 주는 사람이 없기 때문에 스스로 졸업 요건을 먼저 파악하고, 졸업 전에 어떤 과목들을 이수해야 하는지 미리 확인해야 나중에 졸업할 때 차질이 생기지 않습니다. 어렵다면 같은 과 동기, 선배들에게 도움을 요청하는 것도 좋아요. 헷갈리는 부분이 있다면 전공 과사무실에 전화해서 확실하게 물어보는 것도 혹시 모를 문제를 예방할 수 있는 좋은 방법입니다.

이렇게 기본적으로 졸업 전까지 들어야 하는 학점 수와 과목들을 파악했다면, 본격적으로 시간표를 짜는 방법에 대해 알아보도록 하겠습니다.

STEP 1. 1학년 때 꼭 들어야 하는 과목 먼저 확인

앞서 알려드린 방법으로 한 학기에 최소 수강해야 하는 학점과 과목 수를 파악하셨나요?

그럼 본격적으로 어떤 과목들을 들어야 할지 결정해야겠죠. 메모장을 켜서 꼭 들어야 하는 과목들을 쭉 나열합니다. 이때 우선순위는 교양필수 → 전공필수 순으로 하는 것이 좋습니다. 특히 전공필수과목의 경우, 학년별 필수 이수 과목을 고려하여 1~2학년에게 권장되는 과목으로 선택해야 합니다.

특히, 대학 생활의 첫 수업인 만큼 다양한 전공의 친구들을 사귀어 보고 싶다면 1학년들이 가장 많이 듣는 '교양필수'과목에서 만날 수 있고, 과 동기들과 친해지기 위해서는 해당 과 1학년이 많이 듣는 '전공필수'과목을 통해 친해질 수 있습니다.

STEP 2. 강의계획서 뜯어보기

수강신청 기간이 되면 대학교별로 강의시간표를 조회하며 강의계획서 (Syllabus)를 확인할 수 있습니다.

강의계획서란, 해당 과목을 맡은 교수가 한 학기 동안 진행할 강의의 개요, 강의 내용, 강의의 형태(온라인 오프라인 수업 여부), 평가계획, 주차별 수업 내용 등을 담은 문서입니다.

강의계획서에서 가장 눈여겨보아야 할 부분은 평가계획 부분인데요, 이 부분만 잘 고려해도 높은 학점을 받을 수 있습니다. 나에게 잘 맞는 평가방법을 채택하고 있는지에 따라서 성적을 받기 쉽기도, 어렵기도 하기 때문이죠.

대학교 수업의 특징은 같은 과목이라고 하더라도 다른 교수가, 서로 다른 수업계획 및 평가방법을 사용한다는 것입니다. 예를 들어, 〈마케팅원론〉이라는 수업이 1학기 때 총 3 분반이 열린다고 한다면, 서로 다른 교수가 그 수업을 맡게 됩니다. 따라서 교수의 수업 스타일과 평가 방식에 따라 나의 점수가 결정된다고 볼 수 있습니다.

평가방법	평가횟수	평가내용	결과처리(계 100%)
과제물	13	매주 수업 내용과 관련한 간단한 퀴즈 또는 토론 과제	20.0
기말고사	1	전체 수업 내용에 대한 이해도와 응용 능력	70.0
출석	15	매주 학습 진도 이수 여부	10.0

예를 들어 '출석을 성실히, 열심히 할 자신이 있다'라고 생각한다면 출석점수의 비중이 높은 강의를 선택하는 것이 이득입니다. 조별 과제 형식으로 PPT를 만들고, 발표하는 형식이 편하다면 '팀플레이'의 비중이 높은 과목을, 한 번의 시험으로 결정되는 것보다는 매주 자잘한 과제들을 수행하는 것이 더 편하다면 중간고사/기말고사보다는 과제물의 비중이 더 높은 과목을 선택하는 것이 좋습니다.

STEP 3. 무조건 꿀강? NO!

강의계획서가 주어졌다고 하더라도, 실제로 강의계획서와 다르게 수업하는 교수들도 종종 있습니다. 생생한 교수의 평가를 알고 싶다면 이미 강의를 들었던 선배들의 강의후기를 참고해 보세요.

무조건 '꿀강'이라고 소문난 과목을 무분별하게 따라 듣는 것은 추천하지 않습니다. 보통 '꿀강'이라고 하면 수업 내용이 좋다기보다는 평소에 수업을 듣지 않고 가만히 앉아 있기만 해도 성적이 잘 나오는 수업을 의미합니다. 일반적으로 들인 노력에 비해 성적이 잘 나온다던가, '대충 해도 학점을 잘 주는 수업'을 일컫죠.

이를 추천하지 않는 이유는 보통 꿀강을 선택한 학생들은 열심히 하려는 의지가 적고 학점만 유리하게 가져가고자 기대하기 때문입니다. 학점에 직결되지 않는 활동들은 열심히 하려고 하지 않고, 따라서 귀찮고 번거로워하는 수강생들을 볼 수 있습니다. 특히나 대학교의 첫 수업을 경험하는 새내기라면 고등학교 수업과는 다른, 정말 '대학 강의다운 수업'을 경험해 보길 바랍니다.

또한 앞서 언급한 것처럼 강의계획서 평가계획, 강의후기를 참고한다면 나에게 맞는 흥미롭고도 유익하며, 성적까지 잘 나올 수 있는 수업을 얼마든지 수강할 수 있답니다.

노력 없이 학점을 잘 주는 '꿀강'이란 없으며, 무엇보다도 자신의 흥미가 바탕이 되어야지만 한 학기 동안 듣는 수업에 저절로 유익함을 느끼고 수월하게 좋은 학점을 받을 수 있다는 사실을 기억하세요!

✻ 강의후기 참고 사이트

- **에브리타임**(https://everytime.kr/)

  직접 대학교 재학생이 강의 평가, 시험 정보 공유를 하는 커뮤니티로 학생들
  이 과목 및 교수에 대한 정보를 공유하기 때문에 시간표를 짤 때 참고하기
  유용합니다. 단, 회원가입, 재학생 본인인증 절차를 꼭 거쳐야 합니다.

STEP 4. 생활 패턴, 취향 및 시험기간 고려

시간표를 짜기 전 잠깐, 체크리스트

- ☐ 내게 점심시간은 무조건 필요하다 vs 한 번에 몰아 듣는 것이 편하다
- ☐ 연강(연속으로 강의가 쭉 있는 것)이 좋다 vs 중간중간 공강이 필요하다
- ☐ 평일 하루쯤은 온전한 자유시간이 필요하다 vs 매일 조금씩 나누어 듣는 것이 좋다
- ☐ 나는 아침형 인간이다 vs 하루를 오후부터 시작하는 것이 편하다
- ☐ 나는 매일 통학한다 vs 학교 근처에 산다(자취생, 기숙사)

　　사람마다 생활 패턴이 모두 다를 것입니다. 아침잠이 많아서 일찍 일어나는
것이 버거운 사람이 있는 반면, 하루를 일찍 시작하는 것을 선호하는 이도 있으
니까요. 이를 고려해서 첫 수업을 배정하는 게 좋습니다.

예를 들어, 저의 경우에는 아침에 일찍 일어나 하루를 시작하는 것을 선호하고, 무엇보다도 수업이 있어야 억지로라도 일어나게 되기 때문에 보통 1교시(오전 9시) 혹은 2교시(오전 10시) 수업을 들었습니다.

또한, 자신의 집중력이 어느 정도인지 고려하는 것도 중요합니다. 어떤 강의의 경우 같은 3학점 강의라고 하더라도 일주일에 한 번, 한 번에 3시간씩 수업하는 과목이 있는가 하면, 어떤 과목은 일주일에 두 번, 1시간 30분씩 수업하는 과목이 있습니다. 저의 경우에는 한 번에 3시간을 수업하게 되면 집중력이 떨어지고 지쳐서 맞지 않는다는 걸 알게 되어 그 이후로는 3시간 연강 수업은 피하게 되었답니다. 미리 자신의 수업 스타일을 고려하고 그에 맞는 수업을 선택하도록 합니다.

주5 vs 주4 vs 주3

일주일에 다섯 번 내내 학교에 가는 것, 하루쯤은 자유시간을 만드는 것, 그리고 일주일에 3일만 수업을 듣는 것 등 다양한 방식으로 시간표를 짤 수 있을 것입니다. 그렇지만 이때 고려해야 하는 중요한 요소는 바로 '시험기간'입니다.

하루에 최대 세 과목까지만 듣는 것을 추천하는데, 그 이유는 만약 중간고사/기말고사 기간에 시험이 겹친다면, 하루에 서너 과목을 봐야 하는 경우가 생깁니다. 아무리 암기력이 뛰어나고 평소에 수업 참여를 열심히 했더라도 하루에

한 과목만 시험을 보는 학생과의 경쟁에서는 불리할 수밖에 없습니다.

따라서 시간표를 짤 때는 반드시 시험기간까지 염두에 두어야 합니다. 최악의 상황(Worst Scenario)까지 고려하여, 내가 과연 하루에 이만큼의 시험을 감당할 자신이 있는지 가늠해 볼 필요가 있습니다. 시험뿐만 아니라, 시험을 대체하는 '과제'로 평가하는 과목도 있습니다. 그럴 경우 시험기간에 과제까지 병행할 수 있는지 대충의 타임라인과 투입시간을 예상한 후 시간표를 짜야 합니다.

이러한 부분에 있어서 일주일에 3일만 수업을 듣는 옵션의 경우, 같은 여덟 과목을 듣는다 하더라도 골고루 분배된 주 5일파에 비해 필연적으로 하루에 훨씬 많은 과목을 들을 수밖에 없으며, 결국 시험기간에 큰 부담으로 다가올 수 있습니다.

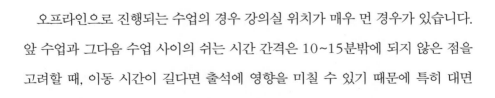

STEP 5. 강의실 위치 및 공강 시간 체크

오프라인으로 진행되는 수업의 경우 강의실 위치가 매우 먼 경우가 있습니다. 앞 수업과 그다음 수업 사이의 쉬는 시간 간격은 10~15분밖에 되지 않은 점을 고려할 때, 이동 시간이 길다면 출석에 영향을 미칠 수 있기 때문에 특히 대면 수업의 경우 강의실의 위치를 미리 확인할 필요가 있죠.

그뿐만 아니라, 공강 시간을 어느 정도 확보하는 것도 중요합니다. 점심시간 (11시~1시) 정도는 확보해 두어야 하며, 수업 사이의 빈 시간이 지나치게 길다면 그사이에 자신이 있을 곳을 마련해 놓는 것도 좋습니다.

예를 들어 첫 번째 수업이 11시에 끝나고, 두 번째 수업이 3시에 시작한다면 점심시간 이후 비는 시간 동안 과방에 있든지, 도서관에 있든지 나름의 옵션을 만들어 놓아야 빈 시간을 최대한 효율적으로 활용할 수 있습니다. 만약 공강 시간이 4~5시간이나 되는데 그 시간을 어떻게 활용해야 할지에 대한 계획이 없다면 버리는 시간이 될 수밖에 없겠죠.

보통 공강 시간에는 동기들과 어울리거나, 혼자 있을 경우 동아리 활동, 수업 과제, 복습 및 예습, 자격증 준비 등을 하는 것이 좋습니다.

STEP 6. 플랜B 준비하기

대학교 수강신청 방법은 학교마다 선착순, 대기순번제 등 다양하지만 공통점은 꼭 자신이 세운 계획대로 되지 않을 때가 많다는 것입니다. 따라서 예상치 못한 경우를 대비해 대안을 한두 가지 정도 만들어 두는 것이 중요합니다.

앞서 소개한 '에브리타임'이라는 앱을 활용한다면 손쉽게 시간표를 만들 수 있습니다.

뭐니 뭐니 해도 가장 좋은 시간표란 나에게 맞는 시간표입니다. 앞으로 대학 생활하는 동안 다양하게 경험하게 될 동아리, 학회, 아르바이트, 과외, 봉사, 대외활동 및 나의 취미를 고려하여 나에게 최선이 될 수 있는 시간표를 미리 계획하고 충분히 고민해 본다면 성공적인 한 학기를 보낼 수 있을 겁니다.

잠깐!

고등학교 때는 아침 8시까지 등교했으니, 9시 수업은 쉬울 것 같다고요?

통학 시간을 고려하세요.

집 근처에 학교가 있던 고등학교와 다르게 대학교는 거주 지역에 따라 통학 시간이 천차만별일 것입니다. 지하철, 혹은 버스에서의 수많은 인파, 가파른 언덕길 등을 고려하여 Door to Door(집을 나서는 순간부터 학교 강의실에 도착하는 순간까지) 시간을 측정해 보세요.

나는 아침형 인간인가요, 저녁형 인간인가요, 새벽형 인간인가요?

연구에 따르면, 아침에 잘 일어나느냐 못 일어나느냐는 의지의 문제보다는 체질 문제일 가능성이 크다고 합니다. 통계적으로 전체 인구 중 10%만이 아침형 인간, 20%가 저녁형 인간, 나머지 70%는 아침형도 저녁형도 아닌 중간형 인간이라고 합니다. 대다수를 차지하는 중간형은 본인이 처한 상황에 따라 유연하게 변할 수 있는 '가변형 인간'입니다. 환경, 신체적인 특징에 따라 아침형이 될 수도 있고 저녁형이 될 수도 있는 거죠.

고등학생 때는 모두 같은 스케줄로 살아야 했기 때문에 내가 어떤 유형인지 알기 어렵습니다. 성인이 된 이상 이제는 자신의 유형을 미리 파악하는 것이 중요하겠죠? 수많은 경험과 생활을 통해 자신의 체질을 깨닫게 되겠지만, 아직 고등학생에서 벗어난 지 얼마 안 된 여러분에게는 간단한 테스트를 소개합니다.

결과 해석

22~25점 : 확실한 아침형 인간
18~21점 : 적당한 아침형 인간
12~17점 : 아침형 인간과 저녁형 인간의 중간
8~11점 : 적당한 저녁형 인간
4~7점 : 확실한 저녁형 인간

출처 : 아담&알미랄(1991), 학술지 《성격과 개인차》

아침형 인간 VS 저녁형 인간 자가 테스트

1. 몇 시에 깨어났을 때 컨디션이 최상인가요?

☐ 오전 5시~6시 30분 (5점)
☐ 오전 6시 30분~7시 45분 (4점)
☐ 오전 7시 45분~9시 45분 (3점)
☐ 오전 9시 45분~11시 (2점)
☐ 오전 11시~오후 2시 (1점)

2. 아침에 일어나서 30분 동안 어느 정도로 피로한가요?

☐ 매우 피곤함 (1점)
☐ 상당히 피곤함 (2점)
☐ 꽤 쌩쌩함 (3점)
☐ 매우 쌩쌩함 (4점)

3. 저녁에 몇 시부터 피로감과 자야 할 필요를 느끼나요?

☐ 오후 8시~9시 (5점)
☐ 오후 9시~10시 15분 (4점)
☐ 오후 10시 15분~12시 30분 (3점)
☐ 오전 12시 30분~1시 45분 (2점)
☐ 오전 1시 45분~3시 (1점)

4. 하루 중 컨디션이 가장 최고인 시간은 언제인가요?

☐ 오전 5시~8시 (5점)
☐ 오전 8시~10시 (4점)
☐ 오전 10시~오후 5시 (3점)
☐ 오후 5시~10시 (2점)
☐ 오후 10시~오전 5시 (1점)

5. 아침형 인간, 저녁형 인간 중 스스로 어떤 타입에 속한다고 생각하나요?

☐ 완전한 아침형 (6점)
☐ 저녁형보다는 아침형 (4점)
☐ 아침형보다는 저녁형 (2점)
☐ 완전한 저녁형 (0점)

2장

이대로만 따르면 만점 맞는
시험 공부법

이대로만 따르면 만점 맞는 시험 공부법

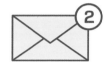

저는 고등학생 때만 하더라도 스스로 공부에 재능이 없고 소질이 없는 학생이라고 생각했습니다. 내신으로 100점을 맞아 본 적도 없고, 모의고사와 수능역시 1등을 해 본 적이 없습니다. 그런데 고등학교와 대학교는 다르더군요. 일률적으로 모두가 같은 커리큘럼으로 공부해야 하는 고등학생 때와는 달리, 대학교에서는 전략적으로 공부할 수 있었습니다. 나의 강점을 살리고 약점을 보완하는 방식으로 충분히 올 A+, 과탑을 할 수 있답니다.

이번 챕터에서는 전략적으로 공부 방법을 구성하여 만점 받는 방법을 소개하도록 하겠습니다.

고등학교 공부와 대학교 공부의 차이

초중고등학교 10년과 대학교 공부의 가장 큰 차이는 무엇일까요?

제가 대학생이 되고 나서 공부에 대해 느꼈던 놀라운 점은 다음과 같습니다.

첫째, 내가 공부하고 싶은 수업을 선택할 수 있다.

고등학교까지는 모든 시간표가 짜여 나오고, 선생님의 수업을 일방적으로 따라갔다면 대학생이 되어서는 내가 듣고 싶은 수업을 선택할 수 있고, 그 순서도 마음대로 조정할 수 있습니다.

둘째, 5~6개 과목만 공부하면 된다.

고등학생 때는 많게는 10개까지 정말 많은 과목을 공부해야 했는데, 그와 달리 한 학기에 많아야 5~6개 과목만 들어도 됩니다. 물론 전공에 따라서 다르고, 또 학년에 따라서도 다릅니다.

셋째, 전공과목과 교양과목으로 나뉜다.

달리 말하자면, 집중해야 할 과목과 집중하지 않아도 될 과목으로 나눕니다. 구분이 더 명확해지기 때문에 상대적으로 어떤 과목에 더 방점을 찍을지가 쉬워지죠.

넷째, 전공과목들이 모두 관련성이 있고 연계된다.

1, 2학년 때 배우는 과목들이 점점 심화되어 3, 4학년 때 배우는 전공과목과 연결됩니다. 따라서 저학년 때 개론, 원론 수업을 확실하게 익혀 놓지 않으면 고학년 때 어려움을 겪을 수 있습니다.

다섯째, 같은 과목인데도 구성이 다르고 담당 교수도 다르다.

같은 이름의 과목인데도 강의 구성부터 평가 방식까지 완전히 달라집니다. 그만큼 이름만 같은 다른 과목이라고 볼 수 있을 정도로 대학교 강의에서는 가르치는 이가 중요하죠. 따라서 교수님의 성향을 미리 파악하고, 나와 맞는 교수의 스타일을 파악하는 것이 중요합니다.

여섯째, 생각보다 열심히 안 하는 학생들이 많다.

수업에 참여하지 않고 '출튀(출석 체크 후 도망가기)'를 하거나, 지각하거나 성적을 잘 챙기지 않는 학생들이 많아집니다. 심지어는 시험을 보러 오지 않거나, 시험기간인데도 공부를 하지 않는 학생도 많지요. 그래서 저는 어떤 면에서는 고등학생 때보다 성적 관리가 더욱 수월하다고 느꼈습니다. 출석과 과제만 잘 챙기고, 1, 2주간 시험기간에 집중해서 공부만 한다면 좋은 점수를 받을 수 있습니다.

학점 잘 받는 방법

학점을 잘 받는 방법이 궁금한가요? 겁먹지 마세요. 생각보다 정말 간단합니다. 우선, 다음과 같은 마인드 셋이 중요합니다.

첫째, 생각보다 어렵지 않다.

둘째, 내가 현재 걱정하고 있는 것보다 훨씬 학점 받기 수월할 수 있다.

셋째, 올 A+도 어렵지 않다!

고등학교 공부와 대학교 공부는 또 다르기 때문에, 고등학생 때 공부를 잘했다고 하더라도 대학교 성적이 잘 나오리라는 보장은 없습니다. 반대로, 고등학생 때 성적이 잘 나오지 않았더라도 대학생 때는 과탑도 가능하지요. 따라서 미리부터 겁먹지 말고, 나는 얼마든지 좋은 성적을 받을 수 있다는 자신감으로 공부하기 바랍니다.

그럼, 지금부터 전략적으로 좋은 성적을 받는 방법을 소개하겠습니다. 무작정 열심히 하는 방식은 더 이상 대학교에서는 통하지 않습니다. 남들보다 적은 시간을 투자하면서, 밀도 있는 공부를 통해 좋은 성적을 받는 방법에 대해 알아봅시다.

1. 수강신청을 잘하는 것부터 학점의 시작이다!

이번 학기에는 어떤 과목으로 시간표를 짤지 전략을 세우는 것이 좋은 성적을 받는 첫걸음입니다. 그렇다면 어떤 수업들로 구성된 시간표를 짜야 할까요?

고려해야 할 사항

· Difficulty(난이도)

나의 전공 배경지식, 전공 수준을 고려해 결정한다

- 1, 2학년 과목인가? 3, 4학년 과목인가?

- 선수지식이 필요한 과목인가?

- 아직 전공과목에 대한 지식이 많지 않은 상태에서 난이도 있는 과목을 수강하게 된다면 어려움을 겪을 확률이 높습니다. 가장 좋은 방법은 강의계획서에 적혀 있는 권장 학년을 따르는 것입니다. 또한, 강의계획서에 구성된 목차를 찬찬히 읽어 보고, 어떤 단원들로 구성되어 있는지 보는 것도 방법입니다.

· Format(평가 유형)

내가 가장 점수를 잘 받을 수 있는 유형의 과목을 선택한다

- 나는 시험형 인재인가? 프로젝트형 인재인가?

- 오랜 시간 동안 공부한 다음 한 번의 시험으로 결판내는 것을 좋아하는 유형이라면 중간고사와 기말고사의 횟수가 적거나, 반영 비율이 높은 과목으로 선택하는 것이 유리합니다.

· Time(시간 분배)

중요한 일정이 겹치지 않도록 나의 시간과 자원을 분배한다

- 만약 월/수로 진행되는 세 과목이 모두 같은 날에 시험을 볼 가능성까지 생각하여, 자신이 하루에 세 과목 시험을 감당할 수 있는지 가늠해 봅니다.
- 되도록 두 과목까지 보는 것을 추천합니다(세 과목 이상 시험 볼 경우 과부하가 걸릴 가능성이 있음).
- 최대한 적은 과목들을 월~금에 흩어서 보는 방식을 추천합니다.

2. 평소 이렇게만 해 두면 만점도 가능하다!

학기 내내 도서관에서 공부하지 않더라도, 수업 시간에 수업만 잘 들어도 충분히 A+를 받을 수 있습니다.

학기 중 할 일

첫째, 출석 100% 사수하기

수업 시간마다 빼먹지 않고 수업을 듣는 것이 중요합니다. 기본적인 출결점수는 하나도 놓쳐선 안 된다는 마음으로 임하세요.

둘째, 수업 시간에 알려 준 내용의 80% 이상 이해하기

만약 수업 시간 중 모르는 내용이 나온다면 그냥 넘기지 말고 바로 질문하여 확실하게 짚고 넘어가세요. 그렇지 않으면 다음 시간에도 따라가지 못할 확률이 높습니다.

셋째, 수업노트 만들기

수업 시간마다 내용을 기록하기 위해 필기노트를 만들도록 합니다.

✱ 수업노트란?

수업 시간에는 여러 내용을 학습합니다. 전공 책뿐만 아니라 부교재, PPT, 프린트 등 여러 자료가 활용되기 때문에 이 모든 내용을 하나의 노트로 정리하는 것이 중요합니다.

· **수업노트의 목적 :** 수업 내용이 바로 기억나도록 기억을 인출시키는 역할. 예를 들어, 4월 23일 수업이었다면 해당 날짜의 노트를 보면서 당시 교수님의 목소리, 제스처, 심지어는 농담까지 생생하게 기억나도록 돕는 역할을 합니다.

· **형식 :** 수기 혹은 워드 파일 정리. 범위와 양이 많으면 워드 파일로 정리하고 양이 많지 않다면 수기로 작성합니다. 학기 초에 해당 과목에 어울리는 노트를 고르는 소소한 재미도 느껴 보기 바랍니다.

넷째, 수업 녹음 후 옮겨 적기

이해가 다소 어려운 수업들은 녹음하는 것이 좋습니다. 교수님의 말, 어법으로 수업이 정리되어 이해하기가 수월하기 때문입니다. 수업이 끝나면 녹음본을 다시 들으며 수업노트에 누락된 사항을 추가합니다.

다섯째, 다음 수업 시작 전 수업노트로 복습하기

3. 시험 기간 공부법   🔍

보통 시험 2~3주 전부터 시험 준비기간이라고 볼 수 있습니다.

1) 개론서, 수업 교재 정독하기

2) 수업노트 정독하기

- 수업 필기노트를 쭉 훑고, 모르는 내용이 없는지 다시 한번 확인합니다. 시험 전까지 최소 두세 번 소리 내어 읽는다거나, 깜지처럼 끄적이며 외우면서 정독하면 어느새 내용이 머릿속에 차곡차곡 들어옵니다.
- 이때, 모르는 부분이 생긴다면 녹음본을 통해 다시 한번 확인하거나, 교수

님에게 재질문하여 확실하게 짚고 넘어갑니다.

3) A4 요약본 만들기

- 수업 필기노트 외 추가적인 요약본을 만드는 게 좋습니다. 수업노트가 보통 30~40페이지 정도 된다면, 이를 8~10페이지 정도로 압축해서 중요한 내용만 정리하는 액기스라고 생각하면 됩니다.
- A4 요약본을 만들 때는 목차를 먼저 나열합니다. 전체 단원 중 어떤 내용으로 구성되어 있는지, 개괄적인 내용들을 먼저 나뭇가지처럼 그려 보고, 그 안의 세부적인 내용을 학습합니다.

4) 백지노트 목차 공부법

- 백지 공부법이란, 어떠한 자료 도움 없이 기억력에만 의존하여 주제 ⇨ 소주제 ⇨ 제목 ⇨ 핵심내용을 적어 내려가는 공부법입니다.
- 빈 A4용지에 적어 내려가다가 막히는 부분이 바로 부족한 부분입니다.
- 계속 반복해서 온전히 기억할 수 있을 때까지 이 과정을 반복합니다.

5) 커닝노트 만들기

- 실제 부정행위를 위한 노트를 만들라는 것이 아니라, 커닝할 수 있을 정도의 크기로 시험 범위의 모든 내용을 요약하여 정리하기 위함입니다.
- 커닝노트는 모두 외워버려서, 내 머릿속에 커닝페이퍼가 있다고 생각하고 몽땅 암기합니다.

- 시험장에도 실제로 커닝노트 1개만 들고 가서 반복해서 시험 직전까지 읽
  습니다.

시험이 끝나고 할 것

시험 문제 복기하기

시험이 끝나면 바로 노트북에 해당 시험 문제들을 복기합니다. 나만의 족보를
만드는 과정인데, 무엇보다도 해당 교수의 시험 문제 스타일을 알 수 있습니다.
다음 기말고사가 어떤 형식으로 나올지 예측할 수 있으며, 추후 같은 교수님의
다른 수업을 듣는다고 하더라도 좋은 자료가 됩니다.

4. 시간 분배법

1) 자투리 시간을 활용하자

자투리 시간에 가장 집중이 잘 된다는 사실, 알고 있나요? 카메라로 요약노트
를 찍어서 들고 다니면서 등교 버스나 지하철 안, 혹은 화장실 들락날락할 때 틈
틈이 복습하세요.

2) 과목별 시간 분배도 고려하자

하루에 두 과목을 시험 본다고 한다면 시험 일주일 전, 하루 전, 그리고 당일

어떻게 시간을 분배하여 시험공부에 할애할지 준비하는 전략이 필요합니다.

3) 시험 관련 정보를 많이 얻자

에브리타임이나 학교 커뮤니티의 강의평, 시험후기를 읽으며 교수님의 출제 스타일을 확인할 수 있습니다. 검색기능을 활용하여 과거 댓글, 게시글을 통해서도 시험 문제를 유추해 볼 수 있답니다.

3장

A+를 위한 리포트 작성법

A+를 위한 리포트 작성법

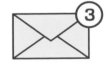

시험을 못 봤더라도 너무 실망하지 마세요. 성적을 만회할 방법이 남아 있거든요. 바로 과제에 열과 성을 다하는 것입니다. 과제는 크게 에세이 그리고 팀플레이, 두 종류로 나눌 수 있습니다. 모두 고등학교 때는 보지 못했던 생소한 유형일 텐데 지금부터 소개하는 방법만 잘 적용한다면 쉽게 해결할 수 있습니다.

에세이(리포트)

전공에 따라서 요구되는 글의 형식이나 형태는 다를 겁니다. 다만 그럼에도 불구하고 모든 과목에 통용되는 작성 방법, 교수님이 좋아하는 글쓰기 방식 등이 있는데요. 과제를 잘하는 방법에 대해 먼저 소개하겠습니다.

1. 자료조사하기

무엇보다도 자료조사가 과제의 반이라고 할 수 있습니다. 자료조사만 잘해도 과제를 성공적으로 끝낼 수 있거든요. 우리는 교수나 학자가 아니기 때문에 완전히 새로운 시각, 아이디어, 주장을 만들어 내기는 어렵습니다. 우리가 할 수 있는 것은 기존에 어떤 아이디어들이 있는지, 어떤 레퍼런스(사례)가 있는지 최대한 많이 파악하고 조사해서 그것들을 잘 이해하는 것만으로도 충분합니다. 기존의 사례들을 조사하는 데만도 시간이 꽤 걸릴 겁니다.

1) 주제 좁히기 : 내가 설정한 기준이 교수님이 요구하는 주제와 부합하는가?

주제가 '맛집'이라고 해 볼게요. 맛집에도 정말 다양한 주제가 존재하죠. 조사할 것이 매우 많습니다. 그래서 우선 첫 번째로 '범위와 카테고리를 확인하는 것'이 중요합니다. 조사를 시작해서, 우선 해당 주제에 어떤 종류와 범주들이 존재하는지 확인해야 합니다. 맛집도 여러 가지 기준으로 분류할 수 있겠죠.

- 식사의 종류 : 양식/한식/일식/중식
- 위치 : 서울 강남/신촌/홍대/여의도/성수/경기도 등
- 가격대
- 인테리어, 가게의 분위기
- 수용 인원

정말 다양한 범주들이 있을 것입니다. 그중에서도 나는 '서울 강남에 위치한 맛집 중 1인당 10,000원 내로 먹을 수 있는 맛집'이라는 기준으로 검색하고 조사한다고 가정해 봅시다. 이때, 바로 조사를 시작하는 것이 아니라, 내가 이렇게 설정한 기준이 교수님이 요구하는 주제에 부합하는지 한번 확인하는 작업이 필요합니다. 따라서 과제를 준비하는 중간에 교수님께 이메일을 보내 보세요.

2) 신뢰도가 높은 출처 확보하기

이제 주제를 좁혔다면 본격적으로 본인이 정한 범위 내에서 조사를 시작합니다. 조사하는 방법에는 여러 가지가 있겠죠? 포털 사이트(네이버, 구글 등)에서 검색해 보기도 하고, 키워드로 SNS(인스타그램, 페이스북)에 검색도 해 보면서 최대한 다양한 소스를 얻는 겁니다. 네이버의 경우 국내 정보, 구글은 외부 사이트 및 외국 자료들을 보기에 적합하기 때문에 두 곳 모두 적절하게 활용하는 것이 중요합니다.

자료조사할 때 이런 출처는 피하자!

- 네이버 지식iN
- 네이버 블로그
- 위키피디아(나무위키 등)

자료조사할 땐 이런 곳을 공략하자!

- 전공 책
- 수업계획서의 참고자료 : 교수가 강의계획서에 적어둔 자료
- 전공 책에서 인용된 사이트, 책
- 같은 내용의 다른 책
- 논문 인용 : 학술 사이트

학술 사이트 활용하기

각 분야에서 국내 최고의 권위를 자랑하는 학회지, 학자들이 쓴 자료이니, 이 자료만 이용해도 리포트 수준은 굉장히 높아집니다. 논문 사이트는 학교와 연계

되어 있어, 논문을 비롯한 고급 자료들을 자유롭게 열람할 수 있습니다. 학교 재학생이 누릴 수 있는 특권이기도 합니다.

① 학교 도서관 사이트에 로그인한다.
② 도서관 사이트 맨 밑 배너를 통해 온라인 DB 학술 사이트에 접속한다.
③ 자동으로 로그인 정보가 연동되어, 무료로 열람하거나 다운로드 할 수 있다.

* 주제별 자료조사 하는 학술 사이트 추천

학술자료

예시)

> 통합교육의 역사적 배경과 논쟁에 대한 패러다임적 고찰. 발달장애학회지 제5집 1호. 2001.
> 교육논리로서 '능력주의' 재고. 손준종. 한국교육학연구 제10권 제2호. 2004.

- RISS(한국교육학술정보원) : 국내외 학위논문, 학술지 연구 보고서 등 방대한 논문 자료 제공.

- DBpia : 전자저널, 학술대회 자료, 전문잡지 등 논문 자료 제공.

- Google Scholar(구글 스칼라) : 구글에서 검색되는 모든 논문 자료 제공.

- Science on : 이공계 외국 논문, 보고서, 연구데이터, 분석 자료.

- 국회도서관 : 입법정보, 학술정보의 끝판왕.

- 국립중앙도서관 : 도서 본문 검색, 도서 및 논문 요약본 확인 가능.

국가 정보(정책, 통계) 자료

예시)

> 우리나라의 인구수, 1인가구 수, 외국인 등록인구
> 실업률, 고용률, 청년층(16~29세) 실업률
> 임금 근로자 월평균 임금, 현재 흡연율, 기대수명

- 통계청 : 국가 기관에서 공식적으로 조사, 관리하는 사이트로, 이해를 직관적으로 도와주는 시각화 자료 준비.

- KOSIS(국가통계포털) : 국가에서 발표하는 국내 사회, 경제, 환경 관련 국가 승인 통계 데이터 확인 가능. 인구수, 나이별, 지역별 등 세분된 통계 자료 검색 가능.

- e-나라지표 : 국가 정책 수립, 성과 측정을 목적으로 행정기관이 선정하고 관리하는 통계 정보 시스템.

- 정책 브리핑 : 대한민국에서 시행하고 있는 정책 관련 뉴스, 연설문 확인 가능.

설문조사, 시장조사 자료

예시)

> <여행 트렌드 리포트 2022>
> - 2059 남녀 3,000명이 꼽은 올 하반기 가장 가고 싶은 여행지 TOP10은 어디일까?
> - 교통, 숙소, 미식 등 국내 여행 시 더 투자하고 싶거나 절약하고 싶은 영역은 다를까?
> - 해외여행 숙소 예약 시 '네이버 예약' 이용률 5위, 이용률 더 높은 서비스는 뭘까?

- 한국갤럽조사연구소 : 여론조사기관, 트렌드, 시장분석 리포트(마케팅, 소비자 분석 자료)

- 닐슨코리아 : 소비자와 시장에 대한 통계자료 제공, 전 세계 소비자 트렌드, 행동자료.

- 오픈서베이 : 시장 트렌드, 브랜드, 광고, COMM, 제품, 채널, 매장 등 인사이트를 도출할 수 있는 다양한 설문조사 결과 및 분석 결과 리포트로 다운로드 가능.

- 갤럽 : 여러 분야에 대한 설문조사 결과 검색 가능.

- 대학내일 20대연구소 : 20대 관련 이슈, 통계조사 자료.

검색어 관련 자료

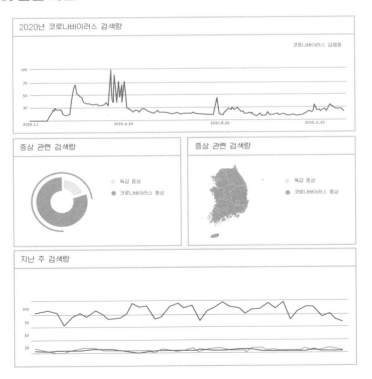

예시)

> 최근 인기 검색어(인기 급상승 검색어)
> 올해의 인기 검색어
> 시간 흐름에 따른 관심도 변화

- 네이버 데이터랩 : 분야별 인기 검색어, 실시간 급상승 검색어 순위, 검색어 트렌드.

- 구글 트렌드 : 전 세계 구글 이용자들의 검색어 동향을 그래프와 수치로 한 눈에 알아볼 수 있는 사이트로, 지역별 관심도 확인 가능.

- 빅카인즈(BIG KINDS) : 한국언론진흥재단에서 운영하는 빅데이터 사이트, 국 내 언론사의 뉴스 관계도, 연관어 분석.

기업에서 발간하는 경제 이슈 리포트

- 삼성경제연구소(SERI) : 연도별 국내외 경제 리포트와 최근 사회, 경제 이슈 리포트.

- LG경제연구원(LGERI) : 다양한 분야의 트렌드 및 이슈 정리 경제 연구 사 이트.

- 현대경제연구원(HRI) : 산업별 최근 동향, 전망에 대한 분석.

수출입 관련

- KOTRA 해외시장 뉴스 : 국제적인 시장 동향 자료 필요할 때, 해외의 국가 별 산업, 시장 동향 자료 무료로 열람 가능.

3) 자료조사 정리/요약하기

방대한 양의 자료들을 조사할 때는 원문, URL만 가져오는 것이 아니라, 그 안에서의 핵심 포인트를 정리해야 합니다. 다시 말해, 그 안에서 내가 사용할 내용만 정리하여 하이라이트 해야 하죠.

4) 출처 밝히기

- 논문 : 저자 이름, 논문 제목, 학회명, 연도, 페이지 기입
- 서적 : 저자 이름, 책 제목, 출판사 이름, 연도, 페이지 기입

항상 모든 자료에는 출처가 필요합니다. 출처를 남겨야 하는 이유는 무엇일까요?

앞서 말했지만, 우리는 아는 게 많지 않은 '학부생'이기 때문에 우리가 모든 아이디어를 창조해 낸 것이 아니라, 다른 사람의 아이디어를 모은 것에 불과합니다. 따라서 다른 어떤 사람의 아이디어를 빌렸는지 명확하게 밝히는 것이 필요합니다.

또 다른 이유로는 내 과제의 정당성, 신뢰 가능성을 더 높여 주는 것입니다. 단순히 정말 나의 생각인지, 실제로 그러한지 확인하기 위해서 사람들은 출처를 알고 싶어 하죠. 따라서 조사할 때는 반드시 출처(URL)를 함께 표기하는 게 중요합니다.

2. 작성하기(리포트 쓰기)

이제, 자료를 모았으면 본격적으로 글을 작성해야 합니다.

글을 본격적으로 작성하기 전에 확인해야 할 것은 글의 형식입니다.

글의 형식은 해당 교수님이 미리 정해 주지만, 만약 따로 언급해 주지 않았다면 미리 질문을 통해 확인하는 것이 좋습니다.

주로 확인해야 할 사항은 다음과 같습니다.

- 글의 길이(리포트 장수, 쪽수)
- 표지, 목차 삽입 여부
- 문서 양식(머리글, 아랫글), 페이지 넘버링 여부
- 글꼴, 글자 크기

만약 자유 양식이라면 기본으로 설정된 문서 그대로 활용하는 것이 좋습니다.

형식까지 맞췄다면, 글을 작성해 봐야겠죠?

글을 잘 쓰기 위해서는 독자를 고려해야 합니다.

과제(리포트)에서의 독자는 바로 과제를 내준 교수님이 되겠죠.

교수님이 읽기 쉽게 작성하기 위해서는 우리는 세 가지 사항을 고려해야 합니다.

첫째, 교수님이 친숙한 언어(문장, 표현)로 말하기.

- 교수님이 읽을 자료이기 때문에 무엇보다도 우리의 일상적인 언어가 아니라 교수님이 친근한 문체로 글을 작성할 필요가 있습니다. 교수님이 매일같이 보는 책, 기사, 논문은 어떤 문체로 되어 있나요? 맞습니다. 바로 구어체가 아닌 문어체로 되어 있으며, 교수님이 자주 접하는 용어들이 있을 것입니다.

- 이러한 힌트는 어디서 얻을 수 있을까요? 바로 평소 '수업 시간'에 얻을 수 있습니다. 따라서 평소 교수님이 강조하셨던 내용이나 용어, 표현 등을 가미해서 적는다면 훨씬 좋은 점수를 받을 수 있겠죠.

- 예를 들어, '경영학개론'에서 '상권분석', '시가', '결정요소'와 같은 내용을 배웠다면 내 리포트 구성에서도 이러한 내용이 나타나게끔 정리해 보세요.

둘째, 교수님이 한눈에 어떤 글인지 파악할 수 있도록 쓰기.

- 목차가 그 역할을 하겠죠.
- 다 읽지 않고 목차만 보더라도 이 과제는 무엇을 다루고 있는지가 나와야 합니다.
- 또한 각 문단을 모두 읽지 않아도, 문단의 첫 문장만 읽어도 어떤 내용에 대한 글일지 파악할 수 있도록 해야 합니다.

셋째, 교수님이 잘 모르는 사실을 돕도록 보조자료 쓰기.

- 학생이 조사한 자료이기 때문에 교수님에겐 새로운 자료일 수 있습니다. 따라서 교수님이 잘 이해할 수 있도록 우리는 최대한 많은 자료로 설명해야 합니다. 필요하다면 표, 그래프, 이미지, 사진 등으로 설명을 보강할 수 있겠죠.

무엇보다도 꼭 기억해야 할 점은, 글을 쉽게 잘 작성하기 위해선 '자료조사'가 선행되어야 한다는 겁니다. 그러고 나서 글을 어떤 식으로 구성해야 할지 생각하는 겁니다.

1) 배경

- 왜 이 주제로 글을 작성하게 되었는지.
- 본격적인 본문에 대한 주제를 언급하기에 앞서, 미리 알아두어야 할 사항은 무엇인지.

  예를 들어 서울 강남 지역에 있는 10,000원 이하의 맛집을 주제로 선정하였다면, 왜 내가 그 주제를 선정했는지, 왜 서울 강남 지역으로 좁혔는지, 왜 1인당 10,000원 이하의 맛집으로 좁혔는지, 만약 이런 맛집을 찾는다면 어떤 점이 좋은지를 언급하는 것이 좋습니다. 더불어 내가 어떻게 조사를 하였는지, 어떤 기준으로 나열할 것인지 등의 내용을 포함하는 것이 좋습니다.

2) 본문

- 주제에 대한 답변을 정성스럽게 적는 구간입니다. 독자가 가장 궁금해할 만한 지점이겠죠?

  중요한 것은 나의 답변을 어떻게 나열할 것인가를 정하는 겁니다. 내가 가장 추천하는 맛집 순으로? 가장 가까운 기준으로? 가장 저렴한 곳 기준으로? 사람들에게 가장 인기가 많은 순으로? 등등 그 기준을 정해 주면 이해하기 쉽겠죠.

- 그 후, 정보를 잘 정리해서 보여 주는 것이 중요합니다. 통일성이 있어야겠죠. 다루는 맛집마다 내용이 모두 다르고 중구난방이라면 읽는 사람이 혼란스러울 겁니다. 따라서 내가 조사한 항목들의 기준을 세우고(예: 가게 상호, 가격대, 위치, 크기, 추천메뉴, 특징 등) 그것에 맞게 모든 맛집을 설명할 때 동일한 양식(Format)으로 나타내는 것이 좋습니다.

3) 끝맺음(결론, 마무리)

- 마무리 부분에서는 나의 글을 다시 한번 요약해주던가, 본문에서 하지 못한 말을 추가할 수 있습니다. 본문이 보통 내용정리, 요약본에 가까웠다면 이를 활용하여 내 생각은 어떠한지, 자기 아이디어를 나타낼 수 있는 구간이기도 합니다.

- '당신의 생각에 점수를 매기지 않는다. 아이디어에는 정답과 오답이 없다'라는 말, 많이 들어 보셨죠? 마찬가지로 나의 주장에 대해서는 따로 정답, 오답을 매기지는 않습니다. 사실, 팩트에 기반한 주장이 아니라 정말 말 그

대로 나의 '생각'이기 때문이죠.

다만, 내가 왜 그런 생각을 했는지에 대해서는 조금 더 논리적으로 접근할 수 있을 겁니다.

- 예를 들어, "지금까지 서울 강남에 위치한 10,000원 이하의 맛집에 대해 소개해 보았습니다. 무엇보다도 맛집에서 가장 중요한 것은 '함께 가는 사람'이라고 생각합니다. 이에 따라 가족과 함께 갈 때는 A 식당을, 친구와 함께 갈 때는 B 식당을, 연인과 함께 갈 때는 C 식당을 추천합니다." 이런 식으로 끝맺음을 하는 것이지요.

3. 셀프 피드백(Self-feedback) 하기

글을 모두 작성한다면, 이것은 가안(Draft)이 되겠죠.

따라서 여러 번 읽어 보고, 계속해서 이상한 부분은 없는지 체크하는 것이 좋습니다.

☐ 오탈자는 없는가? (맞춤법 검사기 돌리기)

☐ MECE한가? (Mutually Exclusive, Comprehensively Exhaustive)

 - 겹치는 내용은 없는가?

 - 빠진 내용은 없는가?

☐ 수업 시간에 배운 내용(이론)이 잘 들어가 있는가?

□ 교수님이 과제로 내준 주제가 잘 반영되어 있는가?

□ Off-topic은 없는가? (관련 없는 내용)

□ 카피킬러(표절률 검색기) 돌리기

4. 주변 피드백 받기

그리고 나서, 해당 내용을 주변 친구들에게 보여 주는 것이 중요합니다.

보통 주변 사람에게 첨삭 받을 때는 그냥 보여 주는 것보다는 다음과 같은 질문을 하면서 보여 주는 것이 좋습니다.

- 처음 이 글을 볼 때 어떤 것에 대한 글이란 생각이 들어?
- 실제로 글을 읽고 나서 그에 대한 답변을 알 수 있었어?
- 글을 읽자마자 30초 안에 이 글이 어떤 것에 대한 글인지 파악이 되었니?
- 글이 잘 읽혔어? 잘 읽히지 않았다면 어떤 부분이 잘 안 읽혔니?

  ⇨ 해당 부분 확인, 글이 보다 쉽게 읽힐 수 있는 표현으로 바꾸기

5. 참고문헌 페이지 작성하기

인용의 표시 방법에는 APA, MLA, CHICAGO의 세 가지가 있으며, 우리나라에서는 보통 APA 혹은 MLA 방식으로 표기합니다.

· APA

미국심리학회(APA)의 공식 스타일이며, 심리학, 교육학, 대부분의 사회과학 분야에서 사용.

- 인용문 표기의 예 : (Brown, 2013)
- 참고문헌 표기의 예 : Brown, E. (2013). Comedy and the feminine middlebrow novel. Pickering & Chatto.

· MLA

현대언어협회(MLA)의 스타일. 영어, 외국어 및 문학, 문학 비평, 예술, 인문 분야에서 사용.

- 인용문 표기의 예 : (Nordhaus 33)
- 참고문헌 표기의 예 : Nordhause, William D. "After Kyoto: Alternative Mechanisms to Control Global Warming." American Economic Review, vol. 96, no. 2, 2006, pp. 31-34.

교수님이 어떤 표기 방법을 쓰는지 확인한 후 해당 양식에 따르면 좋습니다.

보통 교수님이 직접 작성한 강의계획서에서 확인하거나, 직접 문의하여 인용 스타일을 확인하면 됩니다.

출처 표기 양식

• **논문 :** 저자, 「논문명」, 『간행본 이름』, 발행처, 발행 연도, 쪽수

　　예) 홍길동, 「리포트 잘 쓰는 법」, 『추계학술집』, 한국학회지, 2022, P38-42

• **책(단행본) :** 저자. (발행 연도). 도서명. 출판장소: 출판사 이름

　　예) 홍길동. (2011). 국내 여행지 10선. 서울: 책과나무

• **온라인 기사 :** 기자. (기사 발행일). 기사 제목. 발행 부처, URL(접속일)

　　예) 홍길동. (2022.07.02). 5월의 대학교 모습. OO일보, https://www.newspaper.com(접

　　속일: 2022.08.20)

• **웹사이트 :** 저자. (연도). 검색어, URL

　　예) 홍길동. (2021.08.02). 리포트 작성법, https://blog.naver.com/univ, 2022.08.20

직접 출처를 맞추어 쓰기가 어렵다면 출처 생성기를 활용해도 됩니다.

* 5초 만에 출처 양식대로 만들어 주는 사이트 :

카피킬러 출처 표기법(www.citation.sawoo.com)

마지막으로, 한글 출처는 가나다순, 영어 출처는 ABC순으로 나열합니다.

예시)

김찬호.(2014). 모멸감-굴욕과 존엄의 사회학. 서울: 문학과지성사.

이호찬(2012). 루소 도덕교육론에서의 자연의 개념. 도덕교육연구. 24(1): 53-73.

Bailey, R.(ed.) (2010). The Philosophy of Education: An Introduction. 이지헌 역 (2011). 철학이 있는 교육, 교육을 찾는 철학. 서울: 학이당.

Chazan, P.(1993). Rousseau as psycho-social moralist. History of Philosophy Quarterly, 10(4): 341-354.

Marples, R.(2010). 교육은 무엇을 위한 것인가? Bailey, R.(ed.) The Philosophy of Education: An Introduction. 이지헌 역(2011). 철학이 있는 교육, 교육을 찾는 철학. 71-94. 서울: 학이당.

Schloz, S. J.(2014). Review of Rousseau and German Idealism: Freedom, dependence and necessity by D. James. Notre Dame Philosophical Review. https://ndpr.nd.edu/news/46163-rousseau-and-german-idealism-freedom-dependence-and-necessity/. (검색일: 2014. 5. 30)

4장

완벽한 팀플을 위한 열 가지 방법

완벽한 팀플을 위한
열 가지 방법

팀플 빌런, 팀플 탈주, 무임승차 등 평소 팀플 수업에 대한 악명을 익히 들어 알고 있을 겁니다. 이렇게 말로만 들었던 팀플, 도대체 팀플이 무엇이길래 많은 이들 입에 오르내리는 걸까요?

팀플이란

팀플레이(Team play)의 줄임말로, 조별 과제, 여러 명의 학생이 한 팀이 되어 함께 수행하는 과제를 말합니다. 교수님이 내주는 과제가 무엇이냐에 따라서 수행해야 할 과제의 내용이 달라지지만, 보통은 함께 발표를 준비하는 경우가 대부분입니다. 대개 조별로 돌아가면서 매주 발표하게 되고, 교수님은 이 발표를 보고 평가합니다.

발표는 보통 PPT 슬라이드를 보여 주고, 슬라이드의 내용을 발표하는 형식으로 진행됩니다. 팀플에서 중요한 사항은 다음 두 가지입니다.

최종 결과물(Output)

교수님이 내준 과제(Topic)를 잘 이해하고, 교수님이 원하는 형식으로 만들어 나가는 것이 중요합니다.

팀원 간의 협동

팀플 과제에는 조원별 평가점수가 존재합니다. 각 업무에서 서로의 기여도를 평가하는 것이지요. 아무리 결과물이 좋다고 하더라도 '팀플레이'인 만큼, 여러 명 중 한 명만 과도한 일을 한다든지, 혹은 아예 일을 안 하는 팀원이 생긴다면 좋은 점수를 받기 어렵겠죠?

이 두 가지를 **모두 잡아야 성공적인 팀플**이라고 할 수 있습니다. 이번 챕터에서는 결과물의 완성도를 높이면서 동시에 팀원들과 최대한 효율적으로 협동하는 방법에 대해 알아보고자 합니다.

팀플을 잘하기 위해서는, 우선 '팀플이 망하는 상황'을 인지하고, '그 원인'을 알아야 합니다. 그래야 비슷한 상황에 이르지 않거나 갈등을 반복하지 않겠죠.

팀플이 망하는 문제 상황 두 가지

보통 팀플에서 자주 일어나는 문제 상황은 1) 팀플 진도가 나가지 않을 때입니다. 누가 무엇을 어떻게 해야 하는지 정하지 않았거나, 아무도 감을 잡지 못해 제대로 하고 있는 것인지, 무엇을 해야 하는지 진척이 나가지 않는 것이지요.

놀라울 만큼,
그 누구도 관심을
주지 않았다.

그런데 정말 어려운 문제 상황은 2) 한 명에게 과중한 일이 몰리거나, 일을 아예 안 하는 팀원이 있는 경우, 심지어는 모두가 팀플을 하기 싫어하는 의지박약의 상태일 때입니다. 그럴 경우 일을 한 사람이나 안 한 사람이나 점수는 똑같이 가져가기 때문에 불공평하다고 느끼게 되는 거죠.

망하는 팀플의 원인 팀플에서 왜 갈등이 발생할까요?

① 누가 어떤 일을 해야 할지 확실하지 않아서

프로젝트가 주어지면 해야 할 일은 많아요. 또한 팀원들도 많죠. 그렇기 때문에 누가 어떤 일을 맡아서 해야 하는지 명확하지 않고, 감이 잡히지 않아서 우왕좌왕하다 시간이 흘러가는 경우가 많지요.

② 각자의 입장(공동목표에 대한 생각과 의지)이 달라서

물론 열심히 하는 학생의 경우 이 과목에서 A+를 받고 싶겠죠. 그런데 생각보다 '다 나와 같은 것이 아니다'라는 것을 알아야 합니다.

각자 여러 개별적인 이유가 있겠지만 어떤 학생은 '그냥 적당히, 손해를 끼치지 않는 선에서 하고 싶다'고 생각하는 학생도 있을 것이고, 어떤 학생은 '그냥 F만 면하자'라고 생각하는 학생도 있을 거예요. 4학년이라서 취업 준비가 먼저인 학생도 있을 것이고, 학점을 올려야 해서 이번 수업에서 반드시 높은 학점을 따야 하는 학생도 있겠죠. 이처럼 해당 수업에 대한 각자의 목표, 의지가 다르기 때문에 기여하고 싶은 마음이 다를 수밖에 없습니다.

그러니 불공평한 업무 분담이 일어나지 않도록 초장부터 확실하고 공정하게 팀플을 정할 필요가 있는 거죠. 아무도 서운한 일이 없게 팀플을 성공적으로 마칠 수 있는 열 가지 방법에 대해서 알려드리겠습니다.

1. 역할 분담하기 : 조장. 서기. 총무

가장 먼저 해야 할 것은, 각자 팀에서 어떤 역할을 맡을 것인지 정하는 것입니다. 보통 '역할 분담'이라고 하면 '자료조사/PPT 제작/발표'를 나눈다고 생각하는 경우가 많은데, 이는 역할 분담이 아니라 '업무 분담'으로 볼 수 있어요.

역할 분담이 중요한 이유는 무엇일까요?

누가 어떤 일을 해야 하는지 명확하게 범위를 정해야 각자 맡은 역할에 충실하고 책임감 있게 일을 진행할 수 있기 때문이에요. 따라서 각자 누가 어떤 역할을 담당할지 최대한 세부적으로 나누는 것이 중요합니다.

역할에는 조장, 서기, 총무가 있습니다. 각각 어떤 역할을 하는지 알아볼까요?

📁 조장이 하는 일

- 공지사항 전달

- 교수님과 연락(내용 컨펌, 파일 전송, 업로드)

- 회의 진행 : 일정 안내, 스케줄 관리, 진행 상황 점검/조율

📁 서기가 하는 일

- 회의록 작성

- 회의록 관리(업로드)

📁 총무가 하는 일

- 회의실 Setup : 온라인(Zoom 링크 보내기), 오프라인(회의실 대여)

- 자료 프린트

- 돈 관리(프린트비, 장소 대여비)

- 발표 준비(포인터 대여, USB 준비 등)

그렇다면 어떤 사람이 어떤 역할을 맡으면 좋을까요?

조장은 고학년, 전공지식이 가장 많은 사람, 혹은 일을 가장 잘하는 사람이 해야 한다고 생각할 수도 있는데, 상관없습니다.

조장의 역할은 회의를 이끌고, 회의를 통해 각자 맡은 일이 잘 진행되고 있는지 체크하고, 일정을 잘 조율할 수 있는 사람이 하는 것이 좋습니다. 만약 팀원들이 정해진 시간 안에 일하지 않았을 때, 이를 다시 안내하고 팀원들 간의 조율을 잘할 수 있는 사람이 적합하죠.

자료조사를 담당한 팀원이 수요일 저녁 10시까지 자료조사한 것을 공유하기로 했다면, 공유 하루 전쯤에 리마인더를 준다든지, 혹은 약속한 기한을 넘겼다면 연락하여 재촉하는 역할이 이에 해당하겠죠. 혹은 자료조사를 해서 넘겼는데, 자료조사한 내용이 부실하거나 링크만 보낸 경우, 다시 요약정리해서 보낼 것을 요청하는 역할이 이에 해당합니다.

또한, 수업/과제와 관련하여 공지사항을 확인하고, 이와 관련해 직접적으로 교수님과 연락해야 하는 일(일정, 내용 컨펌, 파일 전송 관련)이 많기 때문에, 커뮤니케이션 능력이 좋은 사람이 적합합니다.

서기는 회의마다 회의록을 작성하고, 회의가 끝나면 회의록을 정리해서 업로드하는 등 회의록의 전반을 관리하는 역할을 합니다.

회의가 시작되면 보통 1시간 이상 진행하게 되는데, 긴 시간 동안 정말 많은 내용이 오고 가는 만큼,

수많은 내용 중에서 필요한 내용만 모아서 정리하는 능력이 필요하죠. 따라서 전체 회의의 흐름을 빠르게 파악하고, 바로바로 요약해서 정리할 수 있는 사람이 맡는 것이 좋습니다.

총무는 우리 과제(프로젝트)를 잘 수행하기 위해서 필요한 모든 것을 서포트하는 역할입니다. 예를 들어, 회의가 열린다면 회의실을 대관해 팀원들에게 알려주고, 발표 당일 교수님께 제출한 자료를 출력하는 등 프로젝트 수행 전반에 필요한 일들을 수행하는 역할을 담당하지요.

최대한 공평하게 각자가 할 수 있는 일, 혹은 자신 있는 일에 대해 이야기하면서 의견을 조율하여 역할을 분담합니다. 각자 해야 할 일들을 명확히 정해 놓는 과정을 거치는 게 중요합니다.

2. 업무 분담하기 : 자료조사, PPT, 발표

역할 분담이 끝났다면 본격적으로 과제를 위해 어떤 '일'을 해야 할지 정해야 합니다. 그래야 일이 겹치지 않고 효율적으로 진행될 수 있겠죠.

해야 하는 업무에는 **1) 자료조사 담당, 2) PPT 제작 담당, 3) 발표 담당**이 있습니다.

역할 분담의 형식은 여러 개로 나눌 수 있습니다. 예를 들어, 모든 사람이 자료조사는 함께 준비하고 PPT를 추가로 맡거나, 발표를 추가로 맡는 식으로 진행할 수도 있고, 아예 자료조사 담당을 따로 정하고 PPT를 제작하는 사람 따로, 발표하는 사람을 따로 둘 수도 있습니다.

혹은 자료조사 담당 2명, PPT 제작 2명, 발표 1명, 이런 식으로도 구성할 수 있겠죠.

1) 자료조사 담당

- Outdated 된 자료가 아니라, 최신 자료를 정리할 수 있는 사람

- 꼼꼼한 사람(정확한 출처를 밝힐 수 있는 사람)

2) PPT/자료제작 담당

- 핵심 내용만을 잘 요약하여 담을 수 있는 사람

- 시각화를 잘하는 사람(도표, 그래프를 잘 이용하는 사람)

3) 발표 담당

- 전달력 : 발음, 정확도, 딕션이 좋은 사람

- 긴장하지 않고 많은 사람 앞에서 발표할 수 있는 사람

- 임기응변 : 질의응답에 유연하게 대처할 수 있는 사람

- 내용에 대한 완전한 이해 : 주어진 내용을 줄줄 읊는 사람이 아니라, 완벽하게 이해하고 이를 바탕으로 스토리를 잘 풀어나갈 수 있는 사람입니다. 중요한

부분은 강조하는 등 자기 것으로 만들어 설명할 수 있는 사람이 좋습니다. 따라서 발표 담당자는 단순히 발표만 한다고 생각할 게 아니라, 계속해서 자료조사/PPT 자료제작에 관여하면서 내용에 대해 완벽하게 숙지하고 있어야 하죠.

3. 팀플 규칙 정하기

역할 분담과 업무 분담까지 모두 마쳤다면, 서로 꼭 지켜야 할 규칙을 정하는 것이 좋습니다.

- **회의 날짜, 일정 정하기** : 각자 시간표 및 스케줄을 공유하여 정기회의 날짜와 시간을 정해 놓습니다.

- **온라인/오프라인 회의 여부** : 항상 오프라인 회의로만 진행할 필요는 없기 때문에, 온/오프라인 여부를 함께 결정합니다.

- **타임라인** : 1차 자료조사, 최종 자료조사, PPT 제작 마감, 발표 준비 기간 등 제출기한을 미리 정해 놓아야 시간에 쫓기지 않습니다.

- **'이것만은 하지 않기'로 약속 정하기**
  예1) 팀플 단톡 연락을 보면 바로 답하기

: 팀플을 위해 매일 만날 수는 없으니 의견 교환은 주로 단톡방을 통해 많이 이루어지는데요, 원래 카톡을 잘 보지 않는 성격이라고 하더라도 팀플이 시작되면 자주 확인할 수 있도록 주의시키는 것이 좋습니다.

예2) 팀플 단톡에서 의견 활발히 내기

: 조용한 단톡방에서 혼자 말하면 외롭고 막막할 수 있기에 적극적으로 의견을 내고 반응할 수 있도록 사전에 합의하는 것이 좋습니다. 더 많은 의견이 팀플의 완성도를 높여 줄 겁니다.

예3) 시간 약속 잘 지키기

: 여러 명이 어렵게 잡은 소중한 시간인 만큼, 약속 시간(회의 시간 및 자료 수합, PPT 제작 마감 등)은 꼭 지킬 수 있도록 합니다.

4. 주제 정하기

주제를 정하기 위해서는 팀원들에게 최소한의 배경지식이 있어야 합니다. 따라서 먼저, 기초적인 자료조사를 통해서 과제의 지형을 파악해야겠죠. 이때 자료조사를 담당한 사람만 조사해 오는 것이 아니라, 모두가 관여하는 주제인 만큼 전체적으로 간략하게 조사해 오는 과정이 필요합니다.

본격적인 시작에 앞서, 모두가 함께 일차적인 자료조사를 통해 주제에 대한 의견을 낼 수 있도록 합니다.

5. 2차 회의 : 주제 확정, 개요(목차) 구축

회의를 통해 주제를 확정한 이후에는, 하나의 스토리라인을 짜야 합니다. 이 스토리라인은 PPT 진행순서가 될 것이기도 하고, 목차라고도 볼 수 있습니다. 최종적으로 우리 팀이 보여 주고자 하는 이야기는 어떤 내용일까 고민해 보세요. 이런 이야기를 펼치기 위해서는 우리는 어떤 자료들을 추가로 알아보아야 할지, 어떤 근거들이 필요할지 의견을 모아 봅니다.

6. 상세 자료조사 : 동시에 PPT 제작 시작

의견을 모아 추가로 필요한 정보들이 어느 정도 모였다면 본격적으로 자료조사 담당자가 상세 자료를 가져옵니다. 이때 URL만 보내는 것이 아니라, 본문을 가져올 때는 필요한 부분에 하이라이트를 하고, 요약본을 추가하여 가져옵니다. 함께 정확한 출처를 밝히는 게 중요합니다.

동시에, PPT 담당자는 목차(스토리라인)를 바탕으로 PPT의 뼈대를 그립니다.

PPT의 뼈대를 그릴 때는 통일된 양식을 이용하는 게 좋습니다. 통일된 양식은 전반적인 슬라이드 디자인이 정리되는 느낌을 주고, 연속성을 주며, 읽는 사람들이 더 빨리 내용을 인식하도록 도와줍니다. 따라서 글꼴, 글자 크기, 텍스트 위치, 도형의 테두리 두께, 색상 등 전체적인 통일된 서식을 마련하도록 합니다.

그러나 아직 대학교 새내기인 우리가 직접 PPT의 기본 양식을 만들기에는 무리가 있으니, 인터넷에서 깔끔하게 디자인된 템플릿을 활용하는 것도 방법입니다. 보통 네이버 블로그에서 개인이 만든 템플릿을 무료로 다운받거나, 혹은 전문 다운로드 사이트에서 제공하는 양식을 이용하면 됩니다.

네이버 블로그

친절한 혜강씨(blog.naver.com/leehyekang)
까칠한 조땡(blog.naver.com/seok830621)
새별 템플릿(blog.naver.com/seiru523)
치키호(blog.naver.com/cheekyhodori)

전문 사이트

미리캔버스(www.miricanvas.com)
슬라이드쉐어(www.slideshare.net)

7. 3차 회의 : 구체적인 내용 및 PPT 템플릿 확정

자료조사 담당자가 스토리라인을 보강할 수 있는 자료까지 가져온다면, 이제 모인 자료를 바탕으로 내용을 확정하고, 더 세부적인 스토리라인을 짜게 됩니다. 이때 대략적인 목차, 제목뿐만 아니라 구체적으로 어떤 내용들을 집어넣을 지 고민하며 워드 파일로 정리하는 것이 좋습니다. 이 워드 파일이 나중에 발표 대본, 혹은 발표 자료(청중에게 배부할 요약본)가 된다고 보면 됩니다.

또한, PPT 담당자가 가져온 양식(템플릿) 디자인에 대해 모두의 확인을 거쳤 다면 확정된 내용을 바탕으로 PPT 담당자가 세부 내용을 양식에 맞추어 시각화 하기 시작합니다.

8. PPT 제작

'PPT를 잘 만든다'는 것은 디자인을 잘한다는 뜻이 아니라, 내용이 잘 전달되 도록 만든다는 의미입니다. 따라서 디자인을 잘하지 못하더라도 깔끔하게 요점 만 정리하여 PPT를 만드는 것에 집중해야 합니다.

통일성을 유지하기

슬라이드마다 모두 다른 색깔, 폰트를 사용하면 내용에 통일감을 줄 수 없습니다. 따라서 색깔을 다양하게 쓰지 않고, 정해진 색깔을 중요한 부분에만 사용하도록 합니다.

하나의 슬라이드에는 한 가지 내용만 담기

슬라이드 한 개에 너무 많은 내용을 담게 되면 가독성이 떨어지게 됩니다. 슬라이드의 개수가 많아지는 것을 두려워하지 말고 전달하고자 하는 핵심 내용 한 개만 담습니다.

가독성 좋은 폰트 사용하기

보통 고딕체를 많이 활용하는 편입니다. 손글씨는 가독성이 떨어지고, 명조체는 PPT 분위기가 필요 이상으로 무거워지기 쉽기 때문입니다. 무료 폰트 중에서는 네이버에서 다운받을 수 있는 나눔고딕, 나눔명조, 나눔바른고딕체를 추천합니다.

글씨 크기는 기본 16pt 이상

얇고 작은 글자보다 굵고 큰 글자가 가독성이 좋습니다.

고해상도의 사진 활용하기

저화질보다는 고화질의 이미지를 준비하고, 이미지의 비율을 마음대로 망가뜨리지 않고, 칸이 부족하고 작아도 반드시 비율을 맞춰서 집어넣는 것이 중요합니다. 이미지의 퀄리티에 따라 완성도가 달라지니 각별히 유의해야 합니다.

화면효과나 애니메이션은 최소화하기

꼭 필요한 부분이 아니라면 동적인 효과들은 시선을 산만하게 만들어 집중도를 떨어뜨립니다. 용도에 따라 꼭 필요한 경우에만 쓰되, 가능하면 최소화하도록 합니다.

9. 발표 준비하기

발표를 맡은 사람이 보통은 질의응답까지 함께 준비하게 됩니다. 따라서 본문에 있는 내용뿐만 아니라 나올 수 있는 질문들에 대한 대비까지 팀원들과 함께 하는 것이 좋습니다. 대표적으로 '우리 아이디어의 한계점과 이에 대한 보완점', '추가로 고려할 사항' 등이 있습니다.

대본 작성은 필수인데요, 실제 발표에서는 대본을 보고 읽는 건 아니더라도 완전히 모든 내용이 내 것이 될 수 있도록 암기하는 게 중요합니다. 또한, 혹시라도 잊어버렸을 때를 대비해 큐카드를 만들어 놓는 편이 좋습니다. 큐카드는 손바닥만 한 크기로 핵심만을 담아 준비합니다.

10. 리허설하기

마이크, 포인터를 써야 하는 경우라면 리허설은 필수입니다. 마이크, 포인터 작동법을 미리 파악하고, 실제 화면을 보지 않고 청중을 바라보면서 포인터로 자연스럽게 슬라이드를 넘기는 연습이 필요합니다.

가능하다면 실제 발표할 공간(강의실)을 빌려서, 단상 앞에서 발표 연습을 해 보세요. 팀원들과 함께 발표 연습을 하고, 피드백을 받아 보고, 발표 당일에는 일찍 도착하여 음향을 한 번 더 체크합니다. 마지막으로 발표 직전에는 관련 자료(교수님 제출용 PPT 출력, 청중 배포용 프린트 등)를 미리 준비하여 세팅해 놓습니다.

팀플 회의하기 전 미리 체크할 것

1. 회의 때는 무슨 이야기를 해야 하나요?

☐ 현재 진행 상황 체크
☐ 이야기해야 할 안건 논의
☐ 앞으로의 일정 정리

2. 회의가 끝나면 반드시 회의록을 작성해야 합니다

회의록으로 회의 내용을 기록해 놓아야 놓치거나 빠진 내용 없이 진행할 수 있습니다. 보통 서기가 회의가 진행되는 동안 작성하고, 회의가 끝나면 팀원에게 보냅니다. 회의록에 기본적으로 들어갈 내용은 참가자/날짜/시간/장소 정보이며, 그날 안건들과 내용을 정리하여 공유합니다.

3. 팀플할 때 사용하면 좋은 툴(Tool) 추천

화상회의

☐ Zoom   ☐ Microsoft Teams
☐ Google Meet   ☐ 게더타운

공유문서(회의록, 자료조사 공유, PPT 공유)

📁 Google Drive - Google Docs, Google Sheet

📁 Microsoft OneDrive - Microsoft Powerpoint, Excel, Word

4. 한눈에 쏙 들어오는 파일명 작성 규칙

팀플을 하다 보면 정말 많은 자료를 공유하게 되는데, 파일이름으로 정리해 놓지 않으면 헷갈릴 수 있습니다. 하여, 파일명 작성 규칙을 정하여 파일을 관리하면 중복 방지, 작업 추적, 빠른 색인이 가능해져 협업과 업무 생산성이 향상되죠. 그뿐만 아니라 시간과 비용도 절약됩니다. 처음에는 불편할 수 있지만, 익숙해지고 습관화되면 그만큼 편하고 효율성이 올라갈 겁니다.

📄 [날짜_과목명_팀명_항목명_버전] 형태
　　예) 230425_경영학개론_1팀_발표 자료_v1

앞으로 팀원들과 파일을 공유할 때는 미리 파일명 규칙을 세팅해 보아요!

5장

대외활동/동아리/학회에 대한 모든 것

대외활동/동아리/ 학회에 대한 모든 것

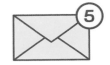

대외활동이란, 학교 수업 외 이루어지는 모든 대학생 참여 프로그램을 말합니다. 대학교 공부분만 아니라 많은 사람과 다양한 주제로 함께하는 활동이기에 대학 생활의 꽃이라고도 불립니다.

이번 장에서는 기본적인 대외활동의 종류와 구분, 대외활동을 추천하는 이유, 대외활동 추천 리스트, 정보 획득 방법, 나에게 맞는 대외활동 고르는 방법, 대외활동 지원 팁까지 다루어 보도록 하겠습니다.

1. 대외활동의 종류 및 구분

학교 내에서 다양한 주제로 즐거운 대학 생활을 하고 싶다면? 정답은 **동아리!**

1) 동아리
학술/취미/교양 등 다양한 주제의 교내/교외(연합)동아리

· 과 동아리
- 학과생, 반/전공을 대상으로 모집

대체로 해당 전공과 관련된 활동을 할 수 있는 동아리로, 학과 사람들과 친분을 쌓을 수 있다는 점에서 좋습니다. 친밀감이 강하고 정보를 빠르게 수집할 수 있다는 장점이 있으며, 대학 생활을 처음 시작하는 새내기에겐 선배 및 동기들과 친해질 수 있는 가장 좋은 기회입니다.

· 단과대학 동아리(단대동아리)
주로 전공이나 학술 중심의 동아리로, 학업, 취미, 봉사활동 외 밴드, 연극, 사진과 같이 다양한 분야의 활동을 할 수 있습니다.

· 중앙 동아리
- 본교 학생 전체 가입 대상

학과를 나누지 않은 통합된 동아리로 다른 학과 사람들을 만날 수 있습니다. 인문계, 이공계 등 전공과 상관없이 다양한 활동을 합니다.

· 연합 동아리

- 서로 다른 대학 학생들이 함께함

같은 지역, 혹은 다른 지역에 있는 학교들끼리 모여 활동하는 동아리로, 가장 넓은 범위의 다양한 사람들을 만날 기회로 활용할 수 있습니다. 규모가 큰 만큼 교내 동아리보다 체계적이고 다양하며 규모 있는 활동을 해 볼 수 있습니다.

*전공 공부, 취업 준비 등이 막막하다면? 정답은 **학회**!*

2) 학회

일반적으로 전공 내에서, 전공 관련 지식, 활동 등을 심층적으로 연구하는 모임

학회는 학과 공부, 취업을 위한 직무 공부 및 연구 등 학업 성취에 집중하여 정기적으로 공부하는 모임입니다.

· 학과 공부(전공 수업/학문 심화)

전공 수업을 미리 심층적으로 배울 수 있을 뿐만 아니라, 평소 궁금했던 학문적 호기심을 채울 수 있는 학회입니다. 공부하고 싶은 분야와 관련된 학회에서 더욱 심층적으로 연구할 수 있습니다.

학과 공부를 위한 학점 관리에 유용할 수 있으며 강의후기, 시험 족보 등 편하게 물어볼 선후배, 동기 네트워크가 생깁니다.

· **직무 공부(취업 준비)**

전공 공부, 학문을 위한 이론보다는 실제 사례에 적용하는 데 치중된 학회로, 학회 활동만으로 직무와 관련된 많은 스펙을 쌓을 수 있습니다.

- **법학회** : 로스쿨 입시 준비에 대한 정보를 얻을 수 있어 진학 준비에 도움이 됩니다.
- **경영학회** : 산업 구조, 소비자 분석 방법, 효율적인 리서치 방법 교육 후 실제로 적용하는 훈련, 한 달간 현직자와 함께하는 케이스 분석 세션을 열며, 일부 기업과 산학협력을 맺어 함께 비즈니스 문제를 풀어나가고 제안하는 활동을 합니다.
- **광고PR학회** : 기존 광고 포트폴리오를 정리하며 연구하고, 광고 공모전에 출전하는 등 수상 경력을 쌓을 수 있습니다.

학회 활동의 가장 큰 장점은 현직자와의 네트워크입니다. 학회 출신 각 업계 현직자들을 통해 공고가 나지 않는 자리를 소개받거나 후임으로 추천받기도 하며, 인턴 등으로 스카우트하는 경우도 많습니다.

역대 학회원들이 모여 있는 톡방에는 현직자, 인사담당자, 학회원들이 소속되어 취업 관련 공고들을 공유하기 때문에 별도 사이트에서 공고를 확인하지 않아도 될 만큼 네트워크를 통해 얻는 정보가 많습니다.

또한, 방향성 잡힌 취업 준비가 가능합니다. 탄탄한 커리큘럼 하에서 실무 관련 지식을 교육받을 수 있으며, 언제든 원하는 주제로 스터디를 꾸려 공부하고, 나가고 싶은 공모전이 있으면 학회에서 팀원을 구해 참가할 수 있습니다.

평소 꿈꾸는 기업과 더욱 가까워지고 싶다면?
정답은 홍보대사/서포터즈/기자단!

3) 기업 홍보대사/서포터즈/기자단(에디터)

기업의 제품이나 서비스 등의 홍보를 목적으로 블로그 기사, 카드뉴스 형식 등의 콘텐츠를 기획, 제작하는 활동입니다. 해당 기업과 제품, 산업군에 대한 간접적인 지식과 경험을 쌓을 수 있습니다. 발대식 등을 통해 회사를 직접 방문하여 현직자를 통해 기업에 대한 이해도를 높일 수 있으며, 우수 활동자의 경우 다양한 혜택(인턴 기회, 상금, 상품, 해외 방문 기회, 제품 무상제공 등)까지 가져갈 수 있는 활동입니다.

- **예시** : 신한은행 홍보대사, LG U+ 유대감 서포터즈, 공공기관 및 지자체정책 기자단, SK careers editor
- **추천 대상** : 마케팅, 홍보 직무 희망자

*내 실력을 테스트해 보고, 스펙도 쌓고 싶다면? 정답은 **공모전**!*

4) 공모전

특정 주제에 대해 공개 모집한 작품을 출품하는 일종의 대회로, 경쟁을 통해 자신의 역량을 입증할 기회입니다. 가볍게는 네이밍 공모전, UCC 공모전부터 마케팅 공모전, 아이디어 공모전, 창업 공모전 등 추후 직무와 직접적으로 연관되는 공모전까지 다양합니다.

공모전 수상 시 상금, 상패 등 다양한 혜택이 있을 뿐만 아니라, 기업 인턴 기회 제공, 서류심사 면제 등의 취업 우대 조건까지 얻어갈 수 있습니다. 무엇보다 경쟁을 통해 뛰어난 역량을 입증할 수 있는 좋은 스펙으로, 다른 대외활동보다 취업 시 유리하게 작용할 수 있습니다.

*큰 부담 없이 활동을 시작해 보고 싶다면? 정답은 **봉사활동**!*

5) 봉사활동

봉사활동은 특별한 기술, 지식 없이도 부담 없이 참여할 수 있다는 것이 가장 큰 장점입니다. 농촌 봉사활동, 연탄 나르기, 벽화 그리기, 멘토링 활동부터 해외 봉사활동까지 다양한 선택지가 있습니다. 또한 직접 활동을 기획하면서 평소 품고 있던 사회공헌 아이디어를 실현해 볼 수도 있습니다.

2. 대외활동을 추천하는 이유

시간과 추가적인 에너지도 많이 드는 대외활동. 대학교 전공 공부만 따라가는 것도 벅찬데 과연 하는 것이 좋을지 고민이 많이 될 것입니다. 그런데도 주변에 대외활동을 하는 이유를 물으면 '취업 준비를 위한 스펙 쌓기'라는 대답이 가장 많을 것입니다.

물론 대외활동 경험을 통해 취업 준비를 위한 자기소개서에 쓸 내용을 확보하는 등 강력한 면접 무기로 활용할 수 있습니다. 그러나 취업 준비만이 대외활동을 추천하는 이유의 전부는 아닙니다. 개인적으로 단순히 취업을 위한 스펙용 대외활동은 권장하지 않습니다.

그렇다면 취업 대비용이 아닌, 대외활동을 해야 하는 이유는 무엇일까요?

1) 재미있으니까!
내 삶의 즐거움, 풍요로움을 찾을 수 있습니다.

우리는 이제 고등학생 때처럼 공부만 해야 하는 학생이 아닙니다. 고등학생 땐 하루의 일과를 모두 고등학교에서 보내야 했다면 대학생은 정반대입니다. 수업 시간을 내가 고를 수 있기에 나의 24시간을 마음대로 꾸릴 수 있죠.

오전 9시부터 오후 5시까지 하루에 7, 8과목씩 들어야 했던 고등학생 때와는 달리 대학교에서 직접 수업을 듣는 시간은 하루에 서너 시간 남짓이기 때문에,

이제는 학과 공부 말고 내가 좋아하는 새로운 활동들을 하면서 즐거움과 행복을 찾을 수 있을 겁니다. 학교 공부 외의 다른 활동을 통해서도 즐거움을 만끽해 보세요!

2) 좋은 사람들을 만날 절호의 기회
평생 친구를 얻을 수 있는 교류와 소통의 장이 열립니다.

대외활동은 다양한 학교의 사람들과 함께하는 활동입니다. 대외활동에 대한 관심과 열정, 실행력을 가진 사람들의 모임이기 때문에 시너지를 만들어 낼 수 있습니다.

진취적인 사람들과 함께 교류하며 관심 분야, 대외활동, 자격증, 나중에는 취업에 관한 정보를 서로 교환할 수 있으며, 마음에 맞는 사람들과 함께 공모전을 준비하며 실력을 쌓아갈 수도 있습니다. 마음 맞는 평생 친구를 만날 수도 있고, 내가 보고 배울 수 있는 멋진 사람들을 만나서 더 발전할 수 있습니다.

또한 대외활동 기업 담당자, 현직자와의 연결고리를 만들 수 있어서 더욱 생생한 직무 관련 정보를 접하고 준비할 수 있습니다.

이제 학과 내 동기들과 빠르게 친해지지 못했다고 불안해하지 말아요. 나에게 잘 맞는 친구들을 학과 안에서뿐만 아니라 동아리, 학회에서도 찾을 수 있으니까요. 이렇듯 대외활동은 좁은 친구 관계에 연연하지 않는 태도를 길러 주기도 한답니다.

3) 다양한 경험을 통해 '나'라는 사람 알아가기

자아 탐색, 진로 탐색에 도움이 됩니다.

내가 어떤 것을 좋아하는지, 어떤 활동을 할 때 흥미와 즐거움을 느끼는지, 반면 적성에 맞지 않는 것은 무엇인지 파악하고 싶을 겁니다. 이를 알기 위해 좋은 방법은 그동안 한 번도 해 보지 않았던 새로운 활동들을 하는 것입니다. 매일 학교와 집을 오가는 일상을 반복하다가 낯선 곳에서 새로운 활동을 하면 새로운 환경에 놓인 "나"라는 사람을 더 잘 이해할 수 있게 되겠죠?

평소 궁금했던 분야에 관련된 대외활동을 하게 된다면 희망했던 기업과 직무에 대해 자세히 경험할 수 있기에 일석이조입니다.

4) 다양한 능력을 쌓을 수 있다

일하는 방법을 익힐 수 있어요.

대외활동, 동아리도 하나의 조직이기 때문에 동아리의 일원으로서 해야 하는 일들이 생깁니다. 크게는 동아리의 활동 방향을 결정하고, 구체적인 모임 날짜를 정하고, 회비 관리를 하고, 동아리 회원들을 관리해야 합니다. 일하는 방법뿐만 아니라, 다른 사람들과 관계 맺는 방법, 의견 충돌 시 현명하게 대처하는 방법 등 커뮤니케이션 능력을 자연스럽게 익힐 수 있답니다.

5) 공짜 지원을 받을 수 있다

활동지원비, 해외파견 기회까지!

해당 기업의 자사 제품, 우수활동비, 상금, 국내/해외탐방 기회 등 다양한 혜택을 받을 수 있어 스펙과 아르바이트, 두 마리 토끼를 한 번에 잡을 수 있습니다.

예)

JTBC 스토리퀸 제8기

- **활동 내용** : 10개월 동안 JTBC 드라마, 예능 프로를 모니터링 및 리뷰.
- **혜택** : JTBC TV 다시보기 이용권 증정, 매월 활동비 지급, 각종 프로그램 방청 체험 및 제작 발표회 참여 기회 부여, 우수 활동자 별도 시상.

LG 글로벌 챌린저

- **활동 내용** : 자연과학/정보통신 및 공학/경제경영/인문사회/문화예술분야로 탐구하고자 하는 기획안 제시, 해외탐방 후 보고서 제출.
- **혜택** : 대학생 해외탐방 전액 지원, 입사 시 가산점, 인턴/정규직 채용, 상금 500만 원 및 팀 전원 LG전자 제품 수여.

대학생지식재산 우수논문 공모전

- **활동 내용** : 지식재산 관련 자유 주제로 논문 공모
- **혜택** : 장관상 수상, 1천만 원 이하의 상금, 국내 및 해외 연수(유럽)

3. 대외활동 추천 리스트

저학년 때와 고학년 때 해야 할 대외활동 리스트가 다르다는 사실, 알고 있나요? 저학년(1~2학년) 때는 많은 시간을 투자해야 하는 활동에 집중해야 하는 이유가 있답니다.

1) 기본기 쌓기에 좋다

저학년은 일에 대한 기본기가 부족한 시기이기 때문에 무엇보다도 빠르게 실력을 쌓아야 합니다. 어느 정도의 강제성을 부여해 많은 시간을 투자해야 하는 대외활동을 해 보길 추천합니다.

2) 시간과 에너지가 많은 시기이다

저학년 때는 들어야 하는 전공과목 수도 많지 않을뿐더러 해당 수업에서 요구하는 과제, 학업의 양이 상대적으로 적은 편입니다. 또한 가장 젊고 에너지도 많을 시기라서 오랜 시간과 노력을 투자할 수 있는 여력이 많죠. 가장 밝고 빛날나의 젊은 날들을 그냥 흘려보내기는 너무 아깝기에, 그 시기에만 할 수 있는 것들을 해 보길 추천합니다.

3) 오랜 시간 함께하며 잘 맞는 친구를 얻을 수 있다

첫 느낌부터 잘 맞아서 평생 가는 친구가 있는가 하면, 오래 봐야 그 진가를 알 수 있는 친구들이 있습니다. 많은 시간과 에너지를 투자하는 활동을 함께하며 서로 동고동락하는 친구들을 만든다면 어린 시절 친구들 못지않게 평생 남는 관계가 될 수 있답니다.

그 어떤 활동이든 좋습니다. 단, 아래 기준에 만족하는 활동이라면 더욱 좋을 것입니다.

□ 여러 사람과 협업할 수 있는 일
□ "내" 프로젝트로 가져갈 수 있는 일
□ 내가 많이 배울 수 있는 집단 : 막내로 들어가 뛰어난 선배들로부터 배울 수 있는 곳
□ 그 나이 때에만 할 수 있는 활동

저학년 때부터 '기업 이름'에 집착할 필요도 없습니다. 삼성, 현대, LG 등 대기업에서 진행하는 인기 많은 활동에 지원하는 것은 좋지만, 탈락했어도 전혀 실망할 필요 없습니다. 특히 저학년 때는 유명한 활동보다 내가 많이 배울 수 있고, 남는 것이 많은 활동에 집중하는 것이 자신의 실력을 키우기 좋습니다.

또한, 교내 프로그램에만 집중하기보다는 교내, 교외 프로그램 비율을 맞추는 것이 좋습니다. 학교 안에서의 프로그램만 참여하지 말고, 다른 학교들과 함께 연합으로 하는 활동들, 기업에서 주최하는 활동 등을 통해서 자신의 스펙트럼을 넓혀 가세요.

고학년(3~4학년) 때는 **투자 대비 성과**가 명확한 활동에 집중하세요!

성과가 명확히 남는 **공모전** 수상, 관련 **자격증** 취득, 취업과 직결되는 **인턴십** 활동에 집중하는 것이 좋습니다. 혹은 취업 준비와 병행하면 시너지 효과가 나는 학회, 스터디 같은 프로그램들이 좋습니다.

고학년이 될수록 진학, 취업 준비에 대한 고민과 압박이 점점 커지게 될 것입니다. 그뿐 아니라 저학년 때에 비해서 수강해야 하는 전공과목 수도 훨씬 많아지고, 각 수업에서 요구하는 과제 및 학업의 양도 늘어서 절대적으로 투자할 수 있는 에너지와 시간이 많이 줄어들게 될 겁니다. 따라서 고학년 때는 **투자 시간 대비 성과를 많이 가져갈 수 있는 활동**들을 찾는 것이 효율적입니다.

4. 대외활동 찾는 방법

어디에서 활동하면 좋을까? 참고하면 좋은 사이트!

1) 사이트에서 다 떠먹여 준다! 확인 후 지원만 하면 끝!

대외활동 정보들만 따로 모아 정리해 둔 페이지들이 있습니다. 아래 소개하는 곳들은 즐겨찾기에 추가하여, 일주일에 최소 한 번씩은 꼭 들어가 둘러보는 습관을 들이기 바랍니다. 혹은 기본 페이지 자체를 지정해 놓는 것도 좋은 방법입니다.

- 링커리어(https://linkareer.com/)

- 올콘(https://www.all-con.co.kr/)

- 씽굿(https://www.thinkcontest.com/)

- 씽유(https://thinkyou.co.kr)

- 슥삭(https://www.ssgsag.kr/)

- 동아일보 청년드림(https://yd-donga.com/)

- 위비티(https://www.wevity.com/)

- 스펙업(https://cafe.naver.com/specup)

- 캠퍼스픽 ⇨ 공모전 | 대외활동(https://www.campuspick.com/)

- 학교 취업경력 홈페이지 사이트(교내활동)

소셜 페이지(인스타그램) 중 대학생 대외활동만 스크랩해 놓은 페이지들을 팔로우하면 매일 보는 피드에서 정보를 공유받을 수 있습니다. 그뿐 아니라 링커리어 등과 같은 페이지는 카카오톡 채널도 갖고 있어 알림 메시지를 통해 카톡으로 정보를 받을 수 있습니다.

또한, 뉴스레터를 통해 이메일로 일주일에 한 번씩 대외활동 목록을 전달해 주기도 합니다. 최대한 다양한 채널들로 정보력을 넓혀서 나에게 딱 맞는 활동을 찾아봅시다.

2) 선배들의 경험을 참고해 검색하기 : 학교 기사(인터뷰) 참고하기

학교마다 우수한 실적을 보이는 재학생들을 인터뷰한 교내 기사 세션이 있을 것입니다. 특히 우수한 공모전, 혹은 대외활동에서 수상한 선배들의 인터뷰를 보면 많은 도움이 됩니다.

예를 들어, 세계 3대 광고제 '뉴욕 페스티벌'을 수상했다는 내용으로 학교 신문에 기사가 올라온 적이 있는데, 일반적으로 광고제는 대학생들의 참여가 불가능하나 해당 공모전의 경우 학생도 참여가 가능하다는 내용을 접한 적이 있습니다. 이처럼 먼저 길을 걸어온 선배들의 경험을 참고하여, 관련 대외활동들을 찾아보는 것도 방법입니다.

3) 직접 사람들을 모으자!

하고 싶은 활동이 있는데 아무리 찾아도 관련 동아리나 대외활동이 없다면 직접 나서서 사람들을 모으는 것도 방법입니다. 거창하지 않아도 좋아요. 처음에는 작은 소모임처럼 시작하는 것입니다. 에브리타임, 캠퍼스픽, 스펙업(네이버 카페) 등 대학생들이 모여 있는 커뮤니티를 통해 직접 사람들을 모으고 자신이 하고 싶은 활동을 시작해 보세요!

5. 대외활동 선택 방법

전 기수 활동후기 찾아보기

블로그, SNS, 공식 사이트 등에서 먼저 활동한 학생들의 후기를 통해 프로그램의 내용을 파악해 봅니다. 교내 동아리라면 학교 커뮤니티 검색, 혹은 미리 경험한 선배들의 후기를 듣는 것도 방법입니다.

이때, 다른 사람들의 후기를 맹신하기보다는, 전반적인 분위기를 익히는 정도로 도움을 얻는 것이 좋습니다. 후기는 모두 주관적이며 사람마다 당시 경험했던 활동들, 타이밍 등이 모두 다르기에 참고용으로만 보도록 합니다.

따라서 부정적인 후기를 보았다고 하더라도 미리 겁먹지 말고, 반대로 누군가에게는 '인생 동아리'였던 곳이 나에게는 맞지 않을 수 있다는 점도 알아 두기 바랍니다.

해당 프로그램이 운영된 기간 확인하기

오래 지속된 프로그램일수록 해당 활동이 안정적으로 운영되었다는 증거입니다.

반면, 이전 기수 정보를 확인할 수 없거나 새로 조직된 동아리는 체계가 잡혀 있지 않기 때문에 상대적으로 제대로 된 활동을 하기 어렵고, 선배들의 조언과 지원이 없어 어려움을 겪을 수도 있습니다. 새로 틀을 만들고 조직해 가는 과정을 즐길 수 있는 사람이라면 잘 맞을 수 있지만, 저학년 때는 처음 드는 동아리인 만큼 신생 동아리보다는 오래된 역사와 체계를 갖고 있어 많이 배울 수 있는 곳에서 시작하는 것을 추천합니다.

동아리 내 성과 확인하기

동아리 성과가 있다는 건 꾸준한 활동을 하고 있다는 증거입니다.

동아리는 있지만, 정기적으로 활동하지 않는 경우도 있기 때문에 동아리 내 전시회, 공연, 공모전 참여 등과 같이 지난 1년간 어떤 활동이 있었는지 미리 파악하고 가입하면 활동하면서 성취감과 결과물을 얻을 수 있을 겁니다.

분위기 살피기

동아리에 가입하는 가장 큰 목적은 인적 네트워크, 즉 사람을 만나는 것이지만, 친목 도모의 성격이 지나치게 강한 동아리의 경우 결과물이 없어 성취감 없이 끝날 가능성이 큽니다. 흔히 '술 동아리'라고 불리는 곳들은 동아리의 본래 목적인 활동보다는 술 모임으로 변질되어 뚜렷한 성과 없이 끝나곤 합니다. 지나치게 '가족 같은 분위기'를 강조하는 곳들은 경계하고, 생산적으로 운영되는 곳을 찾아봅시다.

규모 확인하기

인원이 100명이 넘어가는 규모가 큰 동아리도 있을 것이고, 반면 10명 남짓의 작은 동아리도 있을 것입니다. 동아리 내 인원이 많으면 다양한 사람들을 만날 수 있어 다채로운 활동을 경험할 수 있지만, 화합이 안 될 수 있어 소속감을 느끼기 어려울 수 있다는 단점이 있습니다.

반면, 규모가 작은 동아리는 가족 같은 분위기에서 단합된 활동을 하며 소속 감을 느낄 수 있지만 폐부에 대한 걱정이 항상 존재하며, 수시로 신입 단원을 모집하는 등 처리해야 하는 업무 분배가 잘 안될 수 있습니다.

나의 성향과 목표를 고려해 적당한 인원수를 가진 대외활동, 동아리 등을 선택하기 바랍니다.

활동 내용, 기간, 혜택 등을 꼼꼼히 살피기

동아리마다 활동하는 데 필요한 시간이 천차만별입니다. 일주일에 정기모임은 얼마나 있는지, 방학 때도 활동이 있는지, 동아리 시간 외 추가로 들어가는 시간은 어느 정도 되는지 알아보아야 합니다.

- **활동 시간 :** 학기 중에 활동하는가, 방학에 활동하는가? 과제와 동아리 활동 등이 겹치지 않는가?
- **활동 기간 :** 6개월 이상 장기 활동의 경우, 끝까지 참여할 수 있는가?
- **혜택 :** 활동비, 원고료 지급 여부, 활동 결과물이 기록으로 남는가? 현업자 와 접촉 기회가 있는가?

재미있어 보인다고 무작정 여러 가지 활동에 가입하면 한 활동에 충실하지 못하고 다른 사람들에게 피해를 줄 수 있습니다. 활동을 중간에 그만둔다면 활동 내용을 인정받기 어렵기 때문에 학기 중에 진행되는 대외활동의 경우 학교의 스케줄을 고려하여 병행하는 것이 좋습니다.

최소 3개월 이상 활동할 수 있는 대외활동에 드는 걸 추천합니다. 활동 기간이 한 달 남짓 등 지나치게 짧다면 특별한 경험을 쌓기 어려울뿐더러, 직무에 대한 충분한 경험을 했다는 평가를 받기도 어렵습니다.

대외활동 참여 순서

참여할 수 있는 동아리, 학회, 대외활동이 정말 많다 보니 어떤 것을 먼저 해야 할지 고민될 것입니다. 가장 추천하는 방법은 교내활동 → 교외활동으로 확장하는 것입니다.

① 교내 : 학과 → 단과대 → 전체

'학교에서 뽑아 먹을 수 있는 건 다 뽑아 먹자!'라는 마인드로 임해 보세요. 우선 학과 내의 동기, 선후배와 친해지는 게 중요합니다. 대학교 초반에는 전공수업에서 가장 많이 마주치는 같은 학과 동기들이 대부분일 테니, 학과 생활에 열심히 참여한다면 초반 학교생활이 수월할 겁니다.

전공 내에서의 활동에 어느 정도 적응이 되었다면 그다음에는 단과대, 혹은 중앙 동아리로 확장해 보세요. 동아리뿐만 아니라 학교 자체적으로 제공하는 모든 프로그램과 활동에 참여한다는 생각으로 임한다면 어느새 학교 안에서 두각을 드러내게 될 겁니다. 이때쯤 학교 밖으로 눈을 돌려야 합니다.

② 교외 : 타 학교 → 기업

범위를 다른 학교 및 전국으로 넓히면 훨씬 대단한 사람들을 많이 만나게 될 겁니다. '우물 안의 개구리였구나'라고 느끼는 순간이 올 텐데, 이때 타 학교, 혹은 기업에서 주도하는 활동으로 범위를 넓힐 필요가 있습니다.

③ 마음 맞는 사람들과 그다음 프로젝트도 함께하게 된다

여러 활동을 통해 나와 활동 방식이 잘 맞는 사람이 점점 많아지게 될 거예요. 나의 지인, 내 친구의 지인 등 네트워크가 확장되면서 마음 맞는 사람들끼리 더 좋은 팀을 꾸릴 수 있게 됩니다.

6. 대외활동 지원 꿀팁

하고 싶은 대외활동은 골랐는데, 지원서는 어떻게 작성해야 할까요?

1) 개인정보 기입하기

이름, 생년월일, 주소, 직업, 학교, 전화, 이메일, 사진 등 자신의 개인정보를 오타 없이 꼼꼼하게 작성합니다. 이 과정에서 오타가 생겨버리면 합격자 발표, 연락을 제대로 받지 못해 불이익을 받을 수 있으니 꼼꼼히 확인합시다.

2) SNS 활동성, 디자인/이미지/동영상 편집 프로그램 능력 여부

일반적인 서포터즈/기자단은 인스타그램, 페이스북, 유튜브 등의 소셜 네크워크 계정이나 블로그 주소 및 팔로워 수를 물어보는 경우가 많습니다. 팔로워 수가 적어 불이익을 받는 경우는 없으나, 계정 자체가 없으면 불리할 수 있으니 소셜 계정은 만들어 두는 게 좋겠죠.

3) 경력 사항

지금까지 활동했던 서포터즈, 기자단, 모니터링단, 봉사단 등 경력 사항을 입력하는 란으로, 각 활동의 주관 단체, 기간 및 활동 내용을 정리하여 기재합니다.

신입생이거나 기존에 활동한 타 대외활동 경력이 없다면 유사 경험을 적어도 됩니다. 학교 수업을 진행하며 혹은 과제, 팀 프로젝트를 진행하면서 카드뉴스나 영상을 제작한 경험 등 최대한 비슷한 경험을 떠올려 적어 보세요.

4) 자기소개

자기소개서는 단순히 이전 경력을 나열하는 식으로 자신을 소개하는 것이 아니라, 사소한 것일지라도 경험한 내용을 짧게 기술한 뒤 경험을 통해 배운 점, 느낀 점을 위주로 작성해야 합니다. 나를 모르는 사람이 보아도 술술 잘 읽히는 글을 작성하는 것이 포인트죠.

자기소개서는 지원하는 활동의 핵심 역량을 내가 가지고 있다고 '설득하는 글'입니다. 따라서 타당한 근거들이 뒷받침될 수 있도록 유의해야 합니다. 내가 가진 경험과 성과를 통해 성공적으로 뒷받침할 수 있습니다.

- 두괄식으로 하고 싶은 말을 짧고 간결하게 표현하기
- 자기소개서에 지원하는 활동의 특성, 핵심 역량 녹여 내기
- 나를 소개하는 말에는 구체적인 경험, 근거 제시하기
- 소제목 활용하기 : 내용을 함축하는 소제목으로 정돈된 자기소개서 작성하기
- 해당 분야에 대한 관심 최대한 어필하기

5) 지원동기 & 활동계획

지원하려는 대외활동의 목적과 활동 내용을 반드시 확인해야 합니다. 대외활동의 목적과 내가 지원하려고 하는 이유가 왜 일치하는지 구체적으로 서술해야 하죠. 이를 위해 활동이 어떤 커리큘럼으로 진행되는지, 활동 일정과 내용을 꼼꼼히 분석하도록 합니다. 지원할 활동에 이만큼 관심이 많고, 활동을 간절히 희망하고 있다는 모습을 어필할 수 있기 때문입니다. 활동계획 부분에는, 활동하며 나의 역할 및 업무를 구체적으로 어떻게 성공적으로 수행할 수 있는지 기재합니다.

- 활동에 대한 정보를 자소서에 녹여 내기
- 자신이 활동에 적합한 이유를 논리적으로 어필하기

6) 나의 경험 정리하기

가장 중요한 것은 매 순간 내가 한 활동을 정리하는 일입니다. 언제, 어느 기관에서 주최하는 활동을 했고, 그 활동이 주는 의미와 결과, 배운 점은 무엇인지

기록해 두도록 합니다.

활동 구분	소속 단체	활동명	활동 기간	활동 내용	결과	키워드
동아리	○○ 대학교	밴드 동아리	2022.03-2022.12	합주연습, 공연준비 및 버스킹	축제 공연 및 학내공연 2회	#소통 #협동
대외활동	LG U+	유대감 서포터즈	2022.08-2022.12	IT/TECH SNS 콘텐츠 제작	최우수 활동팀 선정	#콘텐츠 제작 #마케팅 #트렌드 캐치능력
봉사활동	현대 자동차 그룹	해피무브 글로벌 청년 봉사단	2022.06-2022.08	벽화그리기, 태권도 공연, NGO 단체 협업	해외봉사 파견(인도)	#나눔 #기획 #실행
공모전	로레알	브랜드 스톰 마케팅 공모전	2022.11-2022.12	엔터테인먼트를 통한 뷰티 쇼핑 경험 비즈니스 모델 제안	2등 수상	#기획 #분석

어떤 활동을 하든지 나의 활동 내용 및 관심사, 지식을 블로그 혹은 소셜 계정에 정리하는 것만으로도 자신의 활동을 더욱 가치 있게 만들 수 있습니다.

댄스 동아리	꾸준히 자신의 춤을 촬영하여 인스타, 페이스북, 유튜브에 업로드
광고 동아리	스터디 자료, 광고, 공모전 출품작, 활동하며 겪었던 어려움/깨달음 정리
학회	연구 실적, 포트폴리오 정리

대외활동 하기 전 미리 체크할 것

내가 무엇을 좋아하는지, 잘 맞는지 알기 위해서는 직접 '해 보는 수' 밖에 없습니다.

세상에는 너무도 많은 일과 회사가 있고, 분야가 있습니다. 아무리 남들의 이야기를 듣고 후기를 보아도 결국 내가 직접 해 보지 않으면 알 수 없죠. 그러니 겁먹지 말고 지금 당장 새로운 활동에 도전해 보세요!

남들 시선과 상관없이, 오롯이 나를 위한 시간으로 만들어 보아요.

대학교 4년을 그저 '남들에게 보여 주기 좋은' 혹은 '폼 나는' 활동으로 채우기보다는, 진정한 자신을 찾기 위한 시간으로 만들어 봅시다. 조금이라도 궁금하고 흥미가 생기는 활동이라면 겁먹지 말고 일단 도전해 보세요. 특히 1학년 때는 전공과 무관한 활동, 특히 취미생활과 관련된 동아리에 들면 좋습니다. 평소에 해 보지 않았던 것들, 혹은 깊게 다루어 보고 싶었던 분야에 발을 들여 봅시다.

꼭 활동을 많이 하지 않아도 좋아요.

동아리, 대외활동을 열 개 넘게 하며 화려한 실적을 쌓는 사람보다 오히려 깊게 한두 개만 파는 사람이 더 많이 배우고 만족도도 높을 수 있습니다. 모두에게 주어진 시간인 만큼 한정적인 기간에 여러 가지 활동을 '얕게' 참여한다면 아무것도 배우지 못하고 끝날 수도 있답니다.

꼭 직무와 관련 없어도 괜찮습니다.

실제 회사에서 해당 직무를 경험하지 않는 이상(특히 인턴십 등을 통해 함께 일하지 않는 이상) 대외활동만으로 직접적인 직무를 경험했다고 보긴 어렵습니다. 따라서 커리어를 위한 스펙 쌓기를 목적으로 직무에 관련된 활동만 하려고 하지 말고, 궁금하고 끌리는 분야 위주로 먼저 도전해 봅시다.

활동 내용을 꼭 정리해 둡시다.

활동을 하는 것도 중요하지만, 더 중요한 것은 활동이 끝난 후 해당 활동을 통해 내가 어떤 사람인지 배우는 것입니다. 따라서 활동이 끝난 후에는 반드시 전체 활동 내용을 회고하는 시간을 갖고, 기록해 두는 습관을 들여 봅시다.

6장

대학 생활의 로망, 교환학생!

대학 생활의 로망, 교환학생!

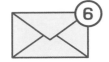

대학교 축제, 동아리/학회 활동, 알바, 과외 등 다양한 경험이 있겠지만, 대학생들에게 대학 생활 중 꼭 해 보고 싶은 경험을 물으면 공통으로 '교환학생'을 꼽습니다. 20년이 넘도록 한국에서만 거주하다가 처음으로 오랜 기간 외국에 나가서 새로운 문화를 체험하고, 외국어 실력을 늘리고, 지금까지 하지 못했던 경험을 할 수 있다는 점에서 많은 학생이 한 번씩 교환학생을 꿈꾸곤 합니다.

그렇다면 교환학생이 정확히 무엇이고, 교환학생이 되려면 어떻게 해야 할까요?

1. 교환학생이란?

교환학생(Exchange Student)은 A 학교와 B 학교가 협정을 맺고 서로 학생을 교환하는 프로그램입니다. 우리 학교에서 수업을 듣는 것처럼 상대 학교에서 듣는 수업을 학점으로 인정받을 수 있습니다. 보통 한 학기(6개월)에서 두 학기(1년) 정도 파견됩니다.

1) 주의사항

모교와 상대 학교의 학생을 '교환'하여 파견하는 방식이기 때문에 '학기 중'에만 파견될 수 있습니다. 따라서 휴학하면 교환학생으로 가지 못합니다.

2) 교환학생의 장점

기존 대학에서 등록금을 내면 상대 학교에서의 등록금은 내지 않아도 됩니다. 즉, 우리나라보다 등록금이 훨씬 비싼 학교(미국, 영국, 호주 등)에서 적은 돈으로 해당 학교의 수업을 들을 수 있지요. 예를 들어, 미국 주립대를 기준으로 한 학기 평균 등록금은 1,000~1,500만 원입니다. 국내 대학교의 한 학기 평균 등록금이 300~500만 원인 것을 고려하면 훨씬 적은 비용으로 그 나라의 대학을 다닐 수 있는 거죠.

등록금 문제가 해결되니 항공료, 생활비, 기숙사비만 해결하면 외국에서의 대학 생활을 경험할 수 있다는 게 가장 큰 장점입니다.

3) 교환학생 생활비, 기숙사비는 얼마나 들까?

물가가 나라마다 다르고 생활비로 사용하는 금액 역시 사람마다 천차만별이기 때문에 교환학생 탐방 보고서를 참고하는 것이 좋습니다. 등록금을 제외하고, 보통 한 학기에 500~1,000만 원 정도 소요된다고 합니다.

4) 아이비리그나 명문대학교로도 갈 수 있을까?

교환협정이 맺어진 경우에만 해당 학교에 교환학생으로 갈 수 있습니다. 보통 상위권 대학일수록 아이비리그와 같은 좋은 대학에 교환학생으로 갈 수 있지요. 대학 국제처(국제교류처, 국제교류본부, 국제협력팀)의 공지사항에서 교환학생 선발 공지 대학교 명단을 확인하면 우리 학교에서 교환협정을 맺은 학교를 알 수 있습니다.

4-1) 교환학생은 명문대학교가 아니면 의미가 없을까?

세계 대학 순위 상위권의 학교라고 해서 무조건 교환학생에게 좋은 학교는 아닙니다. 잘 알려진 명문대보다 오히려 교환학생 제도가 잘 되어 있는 학교가 나을 수도 있습니다.

중요한 것은 교환학생의 목적을 고려하는 것입니다. '우수한 대학의 수업 수강'이라는 학업 목적이 1순위라면 상위권 대학으로 파견되는 것이 중요할 것입니다.

그러나 현지 학교생활 자체에 만족을 느끼고 싶다면 오히려 '교환학생을 위한 프로그램(동아리) 및 기숙사 등의 지원'이 우수한 학교로 파견되는 것이 이득이겠지요.

5) 누구나 교환학생으로 갈 수 있을까?

교환학교 측에서 최소 기준(학점, 공인어학성적)을 정해 놓기 때문에 어느 정도 이상의 수준이 되는 학생들을 받고 있습니다. 그러나 이 기준을 충족한다고 해서 무조건 갈 수 있는 것은 아닙니다. 파견 인원이 정해져 있다 보니 자체적으로 본교에서 선발 과정을 거치게 됩니다. 일반적으로 학점, 공인어학성적(토플, 아이엘츠), 자기소개서 및 면접으로 평가합니다.

5-1) 교환학생 지원을 위해 준비해야 할 것

• 학점(보통 3.0/4.5 이상) - 고고익선
• 공인어학성적(토플, 아이엘츠)

6) 교환학생은 언제 가는 게 좋을까?

정해져 있는 시기는 없으나 보통 2학년 2학기~4학년 1학기 사이로 제한하는 경우가 많습니다. 개인적으로는 한국에서의 학교생활이 익숙해지고 새로운 학교에서의 생활을 경험해 보고 싶은 시기에 파견 가는 것을 추천합니다.

그렇다면 교환학생, 무조건 가는 것이 좋을까요?

2. 교환학생, 가야 하나 vs 말아야 하나

먼저, 비용과 시간을 고려해 보아야 합니다.

- **비용** : 교환학생 파견 비용을 충당할 수 있는가?
- **시간** : 졸업 시 학점 이수에는 큰 문제가 없는가?

교환학생은 고려해야 할 문제가 많고, 기회비용이 상당하기 때문에 무엇보다도 교환학생의 '목표', 즉 내가 떠나려고 하는 이유를 명확하게 하는 것이 중요합니다.

이때, 두 가지 질문을 던져 봅시다.

질문 1) 교환학생이 된다면 어떤 점을 포기해야 할까?
= 만약 내가 한국에 계속 있다면 어떤 점이 좋을까?

- 원래 하고 있던 아르바이트(과외)를 끊기지 않고 할 수 있어 돈을 계속 벌 수 있음.
- 하고 싶었던 대외활동(공모전, 자격증 취득)을 하여 취업에 필요한 스펙을 쌓을 수 있음.
  (예: 평창 올림픽 통역봉사활동)
- 추가학기 없이 8학기 내에 졸업 가능.

교환학생의 단점

① 비용 문제

학비, 교통비, 기숙사비, 생활비, 여행비용을 합산하여 계산해야 합니다. 모교에 내는 한 학기 등록금에 더불어 항공료, 숙소, 생활비, 여행비용을 포함하면 최소 800~1,500만 원 정도 소요된다고 보면 됩니다.

② 준비하는 과정이 까다롭고 시간이 많이 필요함

교환학생에 지원하려면 공인어학성적(토플, 아이엘츠)이 있어야 합니다. 평균 응시료는 25~30만 원이며, 사교육비(인강, 학원, 교재비) 역시 100~200만 원 정도 들어갑니다. 또한 교환학교에서 요구하는 어학성적 조건을 충족하기 위해서는 평균 한두 달 이상 시간을 투자해 공부해야만 합니다.

③ 국내 교육과정 흐름이 끊김

교환 파견 시 인정 가능한 학점을 사전에 고려해야 합니다. 만약 인정받을 수 있는 전공학점이 적다면 졸업학점 충족을 위해 추가학기를 다녀야 할 수도 있습니다. 그러니 학업 계획이나 로드맵을 잘 준비해야 합니다.

④ 대외활동, 인턴, 자격증 취득 등 취업을 위한 스펙을 쌓을 수 없음

교환학생으로 파견되는 학기 동안 한국을 떠나 있기에 국내에서의 대외활동, 인턴, 자격증 취득 등의 활동을 할 수 없습니다.

⑤ 이미 많은 사람이 다녀와서 취업 시 이점이 크지 않음

교환학생 파견이 흔해짐에 따라 더는 취업에 있어 영향력 있는 스펙으로 작용하지 않는다는 의견이 많습니다. 하나의 경력 사항이라기보다 대학 생활 동안의 경험으로 치부됩니다.

질문 2) 교환학생으로 간다면 어떤 점이 좋을까?
= 한국에 있다면 절대 못 할 경험엔 어떤 것이 있을까?

- 해외 대학교에 다니며 현지에서의 공부 경험을 토대로 추후 석사 해외 대학원 진학 시 나의 적합도를 예측해 볼 수 있음.
- 영어 실력을 단기간에 비약적으로 성장시킬 수 있음 : 6개월 동안 한국어 노출을 최소화하고, 오로지 영어로만 생각하고 말할 수 있음.
- 학술적인 영어 외에 실생활에서 사용하는 생활 영어를 체득할 수 있음.
- 다양한 국가 사람들과 친해질 수 있음.
- 새로운 문화를 경험할 수 있음.
- 다양한 국가로 여행 다닐 수 있음.

첫째, 오로지 대학생 때만 할 수 있는 경험

주변에서 "교환학생은 지금 아니면 할 수 없는 경험"이라는 조언을 많이 들었을 겁니다. 하지만 "모든 경험이 지금 아니면 할 수 없는 거 아닌가요?"라고 반문할 수도 있겠죠. 구체적으로 어떠한 점에서 '지금 아니면 안 될' 정도의 가치를 가진 경험인지 설명하도록 하겠습니다.

① 현지인과 동일한 생활을 즐길 수 있는 유일한 시간

보통 해외에 나가더라도 짧게 '단기 여행'의 형식으로 다니기 때문에 실제로 현지인처럼 '현지 생활'을 즐길 기회는 많지 않습니다. 그러다 보니 그 나라의 진정한 문화까지 경험하진 못하고 단편적인 모습만 보고 오게 되죠.

하지만 교환학생은 실제로 그 나라의 집을 구하고, 밥을 해 먹고, 쇼핑을 하고, 도서관에서 공부하면서 그 나라 학생들과 동일한 경험을 할 수 있답니다.

② 동일한 신분으로 인정받아서 소속감을 느낄 수 있다

외국인이지만 외부인이 아닌 현지인들처럼 인정받고 생활할 수 있다는 장점이 있습니다.

교환학생은 그 나라 학교의 '학생'으로 인식됩니다. 즉, 현지의 학생들과 같은 신분으로 생활하기 때문에 잠시 그 국가에 들린 '이방인', '외부인'처럼 여겨지지 않으면서 가장 그 나라 사람과 가깝게 지낼 수 있습니다.

여행객은 잠시 들렀다가 가는 '외부인'이기 때문에 현지인들과 깊게 교류하기 어렵습니다. 잠시 스쳐 지나가는 관계인 만큼 마음을 열기 어려우니까요. 일하러 온 경우 역시 '외국인 근로자'라는 이미지가 생기기 때문에 비즈니스 관계로 보거나, 거리감이 생겨 진솔한 관계를 쌓기 어렵습니다.

반면에 교환학생은 '학생' 신분이기에 같은 학교라는 소속감이 자연스럽게 형성됩니다. 동아리에 가입해 공통 관심사를 찾기도 편하고 깊은 우정을 맺을 수도 있죠. 언어도 국적도 문화도 다르지만 진정한 교류를 할 수 있다는 점에서 무엇보다도 이점이 큽니다.

③ 미래에 대한 걱정 없이 즐길 수 있는 시기

교환학생으로 가게 되면 보통 그 기간만큼은 한국에서의 현실적인 고민과 걱정을 두고 오는 경우가 많습니다. 현업에 관련된 생각을 할 필요가 없기 때문에 가장 많이 하는 고민이 '오늘 뭐 하면서 시간을 보내지?', '뭘 해야 즐겁게 보낼 수 있을까?'에 초점을 맞추게 되죠. 따라서 한국에서 평소에 하지 못했던 새로운 경험을 쉽게 시도할 수 있습니다.

예를 들어 술을 즐기지 않던 사람이 술자리를 즐기게 되고, 다양한 게임을 하지 않던 사람도 볼링, 당구 등 새로운 게임을 접하게 되죠. 수업, 공부 등의 현실적인 압박에서 잠시 벗어나 어떤 활동을 할 때 내가 진정 즐거운지 알게 되기에 자연스럽게 자신에게 집중할 수 있는 시기입니다.

쉴 새 없이 달려오던 사람은 여유를 찾게 되고, 내가 어떤 것을 좋아하는지 모르거나 취미가 없던 사람은 자기 자신에 대해 탐구하는 시간이 되기도 합니다. 결국 자아 탐구를 깊게 하게 되면서 성숙해지는 계기가 된답니다.

둘째, 성인 이후 영어 실력을 비약적으로 늘릴 절호의 기회

한국에서만 영어 공부를 하면 일상생활에서 자연스럽게 영어를 사용할 기회가 적기 때문에 영어 실력을 끌어올리는 데 한계가 있습니다. 그러나 현지에서 교환학생으로 생활하면 일상에서 자연스럽게 영어를 사용하게 됩니다. 온전히 100% 영어로 읽고, 쓰고, 말하고, 듣는 경험을 통해 영어 실력을 비약적으로 성장시킬 수 있습니다.

셋째, 갇혀 있던 생각의 폭이 넓어진다

외국은 한국과 많이 달라서, 그간 한국인으로 생활하며 강하게 자리 잡은 여러 편견, 고정관념, 관습에서 벗어나 새로운 시각을 가질 수 있을 겁니다.

예) 미적 기준 : 다양한 옷, 스타일, 체형, 메이크업 스타일을 접하면서 다양한 미의 기준을 만나게 됩니다. 한국에서 획일적으로 '예쁘다'라고 생각했던 정형화된 기준이 아닌 새로운 시각을 갖게 되면서 사고가 확장되고 자신에게 더 어울리는 것을 찾는 안목이 생깁니다.

예) 성공의 기준 : 한국에서는 '속도'가 중요하기 때문에, 다른 사람과 비교하여 짧은 시간에 최고의 직장(대기업)에 취업해서 집을 사고 화목한 가정을 이루는 획일화된 모습을 성공이라고 치부합니다. 하지만 외국에서 다양한 삶의 모습을 보다 보면 그것만이 성공한 삶은 아니라는 것을 알게 될 겁니다.

그밖에 다양한 음악 스타일, 음식, 사람들과 소통하는 방식(스몰토크 문화, 의견을 제기하는 방식, 윗사람과 거리낌 없이 어울리는 방식, 지나가는 사람과 눈을 마주치며 인사하는 문화 등)을 접할 수 있으며, 그 외 한국에는 없지만 외국에서는 유행하고 있는 문화(문자 대신 Face talk를 하는 문화 등)나 신기술을 먼저 접할 수도 있습니다.

이를 통해 한국에 들여오면 좋을 것 같은 사업 아이템을 찾게 되거나, 반대로 눈을 돌려 한국에는 있지만 아직 외국에는 도입되지 않은 아이템을 가지고 더 큰 무대에서 역량을 펼칠 기회를 얻을 수도 있을 겁니다.

한국 생활과 잘 맞지 않았던 아웃사이더 기질의 사람이 오히려 다른 나라의 문화에는 빠르게 적응하면서 자신에게 잘 맞는 환경을 찾게 된 경우도 있습니다. 교환학생 생활로 자신과 세상을 바라보는 관점이 긍정적으로 변한 좋은 사례라고 할 수 있겠죠.

넷째, 궁극적으로 취업에도 도움이 된다

① '교환학생'이라는 스펙

기업은 일반적으로 교환학생 경험을 통해 글로벌 마인드를 길렀겠다고 생각하므로 글로벌과 관련된 직무 혹은 회사를 원한다면 유리할 수 있습니다.

② 취업의 방향성을 정하는 데 도움이 된다

취업은 '속도'가 아닌 '방향'입니다. 결국 내가 원하는 회사, 직무를 결정하려면 나에 대해서 알아야 한다는 거죠. 교환학생으로 생활하는 동안 자아 탐구를 할 수 있는 여유가 주어지기에, 자신에 대한 확신과 가치관이 정립되어 취업의 방향성을 잡는 데 도움이 됩니다.

③ 지원할 수 있는 회사의 폭이 넓어진다(외국계 회사, 해외취업 등)

교환학생으로 갈고 닦은 영어 실력 덕분에, 혹은 비약적으로 실력을 향상하진 않았더라도 최소한 영어에 대한 두려움이 사라져서 외국계 회사에 더 쉽게 도전할 수 있게 됩니다. 국내에 있는 외국계 기업이 약 15,000개란 점을 고려하면 국내 회사만 고려하는 것보다 훨씬 많은 기회가 생기는 셈이죠. 또한 영어를 할 줄 알아야만 지원할 수 있는 직무, 혹은 외국 경험이나 외국 문화에 대한 이해가 있을수록 유리한 직무에도 교환학생 경험을 살려 지원할 수 있어 취업에 유리합니다.

④ 새로운 아이디어를 사업(창업)으로 확장할 수 있다

외국에서의 생활을 바탕으로 새로운 가능성, 시장을 발견한다면 그 경험을 토대로 한국에서 새로운 사업을 시작해 볼 수도 있습니다.

⑤ 충분한 휴식과 자신감으로 더 큰 열정을 발휘할 수 있다

교환학생으로 보내는 6개월, 1년은 한국에서보다 상대적으로 압박과 스트레스가 적은 생활일 것이기 때문에 긍정적인 에너지로 자신을 충전하는 좋은 기회가 될 겁니다. 앞으로 어떤 일을 하는 데 있어서 힘있게 전진할 수 있는 동력이 될 것이므로 힘든 취준 생활에도 큰 도움이 됩니다.

그런데도 교환학생 파견이 망설여진다?

1) 비용 때문에 망설여진다면

① 비용이 덜 소비되는 국가, 학교로 신청하기

생활경제지수가 낮은 국가에서는 생활비를 줄일 수 있습니다. 같은 유럽이라고 하더라도 영국이나 핀란드 같은 북유럽국가와 체코, 폴란드 같은 동유럽국가의 물가는 2~3배 차이가 나죠. 또한 같은 기숙사 옵션이라고 하더라도 4인실보다는 2인실이, 2인실보다는 1인실이 비싸기 때문에 최대한 비용을 절약할 수 있는 옵션으로 계산하여 경제적으로 다녀올 수 있습니다.

② 장학금을 이용하자! - 미래에셋 교환학생 장학금

교환학생을 위한 장학금 제도가 있습니다. 미래에셋 교환학생 장학금은 1년에 두 번 장학생을 모집하며, 미국/유럽/기타 지역은 최대 700만 원, 아시아/기타 지역은 최대 500만 원을 지급합니다.

성적 미달자(직전 학기 3.3/4.5 미만), 교환학생 유경험자, 해당 학기 소득분위 미발급자는 자동으로 심사에서 제외됩니다. 전국 4년제 대학 중 전공 계열 상관없이 공개적으로 선발하며, 보통 한 번에 200~300명 정도 선발합니다.

* 내용은 상이할 수 있으니 홈페이지(미래에셋 박현주재단) 참고.

2) 국내 교육과정, 인턴/대외활동 흐름이 끊겨 걱정된다면

① 현지에서의 활동을 통해 스펙 쌓기

외국에서도 얼마든지 대외활동, 인턴십, 아르바이트를 할 수 있습니다. 원한다면 다양한 경험을 할 수 있기 때문에, 한 학기 동안 학교 수업만 들으며 여행 다니기 부담스럽다면 얼마든지 다양한 동아리 및 학회를 이용해 봉사활동, 아르바이트 및 인턴십을 할 수 있습니다.

② 국내 대외활동 중 비대면으로 가능한 활동 신청하기(해외기자단)

해외 파견된 교환학생들을 대상으로 모집하는 국내 대외활동에 참여하는 것도 하나의 방법입니다.

- **외교부 서포터즈 모파랑 해외 기자단** : 외교부 공식 블로그에 기사를 연재하는 해외기자 활동으로, 파견 국가와 관련된 역사, 정치, 사회 등의 주제로 기사를 작성하는 활동입니다.
- **영삼성 글로벌 리포터즈** : 삼성전자 뉴스룸, 사내 채널에 실리는 콘텐츠를 제작하는 활동으로, 파견 국가의 경제 현상을 기사, 카드뉴스, 영상 등의 형식으로 제작하는 활동입니다.

3) 졸업 시기가 늦어져 걱정된다면

방학을 활용해 계절학기, 교류 프로그램을 이용하자!

한 학기 파견되는 교환학생 때문에 졸업이 늦어질 것 같다면, 차라리 방학을 활용해 2, 3개월 동안 계절학기를 경험할 수 있는 교류 프로그램을 이용해 보세요. 교환학생처럼 수업을 듣고 학점인정도 받으면서 현지 학교생활을 경험할 수 있지만 시간이 짧다는 점에서 시간과 비용을 절약할 수 있습니다.

- **UC Berkeley Summer Session :** 미국 캘리포니아의 주립대학인 버클리에서는 매년 여름학기 동안 80여 학과에서 400개 과목의 여름학기를 개설, 3주, 6주, 8주, 10주 과정으로 다양한 프로그램이 마련되어 있습니다. 학교에서 수업하는 동안 버클리 학생, 미국 내 타 학점교류생들과 함께 기숙사 생활을 하며, 공식 성적표를 받게 됩니다.
- **Stanford University Summer Session**
- **Yale Summer Session**

기억하세요. 무엇보다 취업 준비를 위한 활동(공모전, 대외활동, 자격증 등)은 교환학생을 다녀오고 나서 해도 충분합니다.

물론 지금 당장은 스물넷, 스물다섯이라는 나이가 많은 것처럼 느껴지고, 교환학생으로 파견되는 6개월~1년이 긴 시간처럼 여겨져 교환학생을 다녀오는 것이 시간 낭비라고 생각할 수도 있습니다. 그러나 오히려 교환학생을 다녀오면 이러한 '사고방식' 자체가 달라질 것입니다.

외국에서의 생활을 통해 한국 사회에서 자주 강요되는 '나이에 대한 압박'이 사라지고, 나만의 속도에 맞춰 나아가는 방법과 사고방식이 생겨 조급함 자체가 사라질 겁니다.

또한, 앞서 언급했듯이 교환학생 생활에서 얻은 충분한 휴식과 자신감이 오히려 돌아오고 나서 다시 힘있게 전진할 수 있는 큰 원동력으로 작용합니다. 자신에 대한 충분한 자아 성찰 및 자아 탐구를 통해 앞으로 직무, 회사, 산업군을 결정하는 데 있어 훨씬 수월하고 효과적으로 결정할 수 있습니다.

그러니 당장의 짧은 생각으로 더 큰 기회를 놓치지 말아요!

3. 교환학생 목적 설정하기

이제 교환학생으로 가기로 마음을 먹었다면, 최대한 구체적인 목적을 설정해야 합니다. 교환학생을 다녀오고 나서 다른 건 몰라도 확실하게 '이거 하나는 얻었다'고 느껴야, 성공적인 교환학생으로 남게 될 테니까요.

1) 교환학생의 '목표' 우선순위 정하기

: 내가 가서 "이것만은" 하고 오고 싶다

- 학업(학교 수업, 공부)

- 외국어 실력 향상

- 문화 체험

- 친구 사귀기

2) 목표의 '정도' 정하기

: 내가 "얼마만큼" 하고 오고 싶다

- 현지인처럼

- 교환학생처럼

예)

1순위 : 학업, 현지인처럼

2순위 : 친구 사귀기, 교환학생처럼

3순위 : 외국어 실력, 교환학생처럼

4순위(포기해도 아깝지 않은 것) : 문화 체험

- 위처럼 학과 공부가 1순위일 경우, 학교에서의 학풍을 깊게 경험하기 위해 현지 학생처럼 몰입하여 좋은 학점을 받는 것을 목표로 세울 수 있어요. 그에 따라 교환학생으로서의 Action step은 다음과 같이 정리됩니다.

□ 도서관에서 공부하면서 밤새 보기

□ 학교에 있는 모든 도서관 가 보기

□ 현지 학생들과 팀 프로젝트 하기

□ 교수님과 1 : 1 면담하기

□ 교환학생뿐만 아니라 실제 학교 재학생과 친해지기

- 반면, 문화 체험을 후순위로 두었기 때문에, 제한된 시간 안에서 여행, 문화
체험의 기회가 적더라도 아쉬워하지 않았습니다.

예)

1순위 : 외국어 실력, 현지인처럼

2순위 : 친구 사귀기, 현지인처럼

3순위 : 문화 체험, 교환학생처럼

4순위(포기해도 아깝지 않은 것) : 학업

- 위처럼 외국어 실력 향상이 1순위이고, 현지인 수준으로 언어 실력을 끌어
올리는 것이 목적일 경우, 한국어 사용을 최소화하고, 그 나라 언어로만 말하고,
생각하고, 노출을 극대화해야 합니다. 이에 따라 교환학생 생활에서의 Action
step은 다음과 같이 세워집니다.

□ 영어만 사용하며 생활하기

□ 외국인 친구와 여행 다니기
□ 정신적 교류가 가능할 만큼 친한 외국인 친구 만들기

– 반면, 학업을 후순위로 두었기 때문에 학점은 통과할 정도로만 수업에 임하고, 나머지 시간은 현지 친구들과 어울리고 적응하는 데 투자하였습니다.

교환학생의 시간은 한정되어 있으므로, 짧은 기간 동안 다양한 경험을 효과적으로 하기 위해서는 항상 교환학생의 '목적'을 생각하며 그에 관련된 활동들로 우선순위를 정해야 합니다. 그럴 때 훨씬 값진 경험과 교훈을 얻을 수 있을 것입니다.

4. 교환국가, 교환학교 선정 방법

파견자 후기 보고서를 참고하는 것이 가장 도움이 됩니다. 학교 국제교류 홈페이지에 가면 기파견자들이 작성한 해당 교환학교 후기를 볼 수 있습니다. 그뿐 아니라, 구글링을 통해 타 대학 학생들이 작성한 보고서를 읽어 보며 실질적인 교환학생 생활을 간접 경험할 수 있습니다.

교환학교를 선정하는 데 있어 가장 중요한 다섯 가지 요소를 소개하도록 하겠습니다.

1) 언어 : 영어가 모국어인 국가인가?

	영어가 모국어인 국가	영어가 모국어가 아닌 국가
국가	미국, 영국, 호주, 뉴질랜드 등	프랑스, 스페인, 중국, 일본 등
장점	- 영어에 대한 노출도가 가장 높음 - 이방인으로서의 어려움이 상대적으로 적음	- 새로운 언어를 배울 수 있음
단점	- 새로운 언어를 배우기 어려움	- 상대적으로 영어에 대한 노출이 적음 - 이방인으로서의 어려움이 클 수 있음

영어가 모국어인 국가의 최대 장점은 영어를 가장 많이 배울 수 있다는 것입니다. 어딜 가든 모든 간판, 공지문, 제품설명서까지 영어로 적혀 있기 때문에 영어에 대한 노출을 극대화할 수 있을뿐더러 실제 현지인이 쓰는 표현들도 익힐 수 있습니다.

또한, 이방인으로서의 어려움이 상대적으로 적다는 것도 장점입니다. 영어 실력이 기본적으로 탑재되어 있다면 새로운 곳에서 언어의 제약 없이 마음껏 다양한 도전을 할 수 있습니다.

영어가 모국어가 아닌 국가에서의 가장 큰 장점은 새로운 언어를 배울 수 있다는 것입니다. 우리나라에만 있으면 영어를 제외한 새로운 언어를 공부해야 할 일도, 필요성도 없습니다. 하지만 비영어권 나라에 교환학생으로 가게 되면 이를 계기로 프랑스어, 스페인어, 독일어 등 새로운 언어를 접할 수 있죠. 실제 현지에서 사용하는 언어를 자연스럽게 접하다 보면 한국에서 공부할 때처럼 일부

러 노력하지 않아도 자연스럽게 배울 수 있습니다. 반면, 아무래도 영어에 대한 노출은 그만큼 상대적으로 적어지게 되겠죠?

또한, 생소한 언어권에 거주하면 이방인으로서의 두려움이 커질 수 있습니다. 만약 체코에 교환학생으로 갔다면, 체코어를 잘 모르기 때문에 현지 사람들에게 영어로 길을 물어보더라도 못 알아듣는 이들이 많을 겁니다. 그러면 간단한 의사소통도 어렵기 때문에 그 순간 자신이 이방인이라는 사실을 다시 한번 느끼게 됩니다.

보통 교환학생으로 파견되면 당황스럽고 외로운 순간들이 올 텐데, 이런 순간을 최소화하고 싶다면 영어가 모국어인 국가로 지원하는 것을 추천합니다.

2) 인지도 : 상위권 명문대학이어야 하는가?

인지도가 높은 명문대학교에 교환학생으로 파견될 경우의 장점은 두 가지가 있습니다.

첫째, 학교 순위가 높을수록 우수한 풀의 인재들을 접할 수 있다는 겁니다. 재학생뿐 아니라 교환학생들도 비전이 있고 뛰어난 학생이 많아 교류하는 과정에서 좋은 사람들을 많이 만날 수 있습니다. 글로벌 기업에서 일하거나 로스쿨 진학, 석사과정 등 다양한 진로를 생각하며 큰 동기부여를 받을 수 있을 겁니다.

둘째, 우수한 학교의 교환학생일수록 추후 취업과정 등에 스펙으로 사용할 수 있습니다. 인지도가 높은 학교일수록, 더 많은 관심을 집중시킬 수 있는 장치로 사용할 수 있습니다. 따라서 지원 풀 중 가장 우수한 학교를 고려하길 추천합니다.

반면, 꼭 상위권의 명문대학교가 아니더라도 크게 실망할 필요는 없습니다. 무엇보다 교환학생의 목적은 새로운 문화권 체험, 외국어 실력 향상, 인생에서의 새로운 경험 등 다양하기에 어떤 곳이든 새로운 경험을 하는 것이 목적이라면 큰 허들이 되지 않을 것입니다.

3) 교통/편의시설 : 대중교통이 잘 되어 있는 도시인가? 시내에 위치한 곳인가(편의시설 근접성)?

미국과 같이 영토가 넓은 국가들은 학교가 넓은 땅 한 가운데에 있어 차 없이 돌아다니기 힘들 수 있습니다. 따라서 파견학교 주변의 교통시설을 체크해 볼 필요가 있죠. 혹은, 시내에 위치한 곳이거나 주변 편의시설과 근접한 곳인지 확인하는 것도 좋습니다. 걸어서 기숙사, 학교, 영화관, 백화점, 쇼핑센터 등 자유롭게 돌아다닐 수 있는 곳이라면 교환학생 파견 기간에 더욱 풍족한 삶을 누릴 수 있답니다.

4) 전공 개설 여부 : 전공학점으로 인정받을 수 있는 학교인가?

학교마다 조금씩 다르지만, 교환학생/파견학생에게 제한적인 '이수제한과목'이 정해져 있습니다. 파견 기간에 인정받을 수 있는 전공학점을 계산한 후, 해당 파견학교에서 최대 몇 학점까지 인정받을 수 있는지 꼭 확인해야 합니다.

예를 들어, 셰필드대학교의 경우 '교육학 전공' 수업은 모든 파견학생에게 제한되어 있어 일체 수강할 수 없었습니다. 이런 경우 본 전공 외 복수전공, 부전공, 혹은 교양수업으로 대체하여 인정받을 수 있는 과목을 알아보아야 합니다.

5) 기타 : 물가, 날씨, 여행하기 좋은 위치, 인종차별, 교환학생 프로그램 개설 여부

• 물가 : 한 달 동안의 교통비, 숙소비, 식비를 예상해 보자!

교환학생 삶의 질을 결정하는 것 중 하나가 바로 물가인데요, 자신의 경제 상황에 맞게 해당 국가의 물가를 미리 확인하는 것이 중요합니다. 물가에 따라서 한 학기 동안의 생활비가 적게는 500만 원에서, 많게는 1,000만 원, 1,500만 원까지 차이 날 수 있습니다.

• 날씨 : 1년 동안의 날씨 추이를 확인하자!

생각보다 많은 학생이 날씨를 고려하지 않는데, 날씨의 영향을 많이 받는 사람이라면 파견학교를 정할 때 특히 해당 국가의 1년 날씨를 미리 염두하고 가길 바랍니다.

영국, 북유럽의 날씨는 악명이 높은데, 11월에 접어들면 한 달 내내 비가 오며 오후 3시부터는 밤처럼 깜깜해지곤 합니다. 이런 날씨 때문에 SAD(Seasonal Affective Disorder)라는 날씨 우울증을 앓는 사람도 많답니다.

날씨라는 하나의 요인 때문에 무조건 해당 국가를 피하기보다는, 이런 상황을 염두에 두고 간다면 당황스러울 일이 적어질 겁니다.

· 여행하기 좋은 위치 : 주변 국가들을 확인하자!

교환학생으로 가게 된다면 여행은 필수죠. 어렵게 외국에 간 만큼 한 곳에서만 머무르는 것보다 최대한 다양한 곳을 돌아다니는 묘미가 있으니까요. 유럽 여행에 대한 환상이 있다면 유럽에 위치한 국가로 파견 가는 것을 추천합니다.

저의 경우 영국에서 교환학생 생활을 즐기다 주말을 이용해서 비행기를 타고 벨기에-체코를 다녀온 적도 있으며, 방학을 활용해 이탈리아, 오스트리아, 헝가리, 스위스, 프랑스, 터키 등 다양한 국가를 여행할 수 있었답니다.

사실, 마음만 있으면 여행은 위치와 상관없이 얼마든지 다닐 수 있다고 생각합니다. 미국의 작은 시골로 파견 갔다 하더라도 마음만 먹으면 동부든 서부든 마음껏 돌아다닐 수 있죠. 여행하기 더 편하거나 상대적으로 어려운 곳은 있지만, 절대적인 배제 요인으로 생각할 필요는 없습니다.

· 인종차별 : 국제학생 비율, 동아시아 관련 학과 여부를 확인하자!

인종차별에 대한 인식은 국가별로 상당히 다르지만, 체감하는 정도가 상대적이고 운이 많이 따르는 요소이기에 정답은 없습니다. 다만, 좋은 지표로 확인할 수 있는 것이 학교의 국제학생 비율(International Student %)입니다. 파견학교에서의 국제학생 비율이 높을수록 더 포용적이며 열린 인식을 갖고 있기 때문입니다.

예를 들어, UC Berkeley의 재학생 인구분포를 볼 때 백인 26%, 아시아인 35%, 히스패닉 15%, 흑인 2%로 아시아인의 비중이 높은 학교였습니다. 또한 재학생 중 외국 국적을 가진 학생 비율이 13%나 차지할 만큼 글로벌한 환경이라 할 수 있습니다.

마찬가지로 영국 셰필드대학교 또한 국제학생들에게 우호적인 학교였는데, 34%의 국제학생 비율로, 이는 국제학생 비율의 평균인 16%의 두 배를 상회하는 구성이었죠.

이에 따라 ERASMUS(유럽권 교환학생) 프로그램이 잘 되어 있는 학교라 다양한 유럽 국가에서 온 학생들을 만나 볼 수 있었습니다. 일반적으로 많이 볼 수 있는 스페인, 프랑스, 네덜란드, 호주, 뉴질랜드, 미국, 이탈리아와 같은 국적의 학생들뿐 아니라 슬로베니아, 에스토니아, 불가리아, 터키, 그리스, 조지아 등 한국에서는 흔히 만날 수 없는 다양한 국가의 친구들과 친해질 수 있습니다.

해당 학교에 한국어학과/일본어학과/중국어학과와 같은 동아시아 관련 학과 개설 여부 역시 좋은 지표가 됩니다. 매 학기 초반에 해당 국가에서 온 교환학생들과 해당 학과 전공생들을 1 : 1 매칭하는 '탠덤(Tandem)'이라는 제도가 있어서, 탠덤 매칭을 통해 쉽게 현지 친구들을 사귈 수 있습니다. 또한 해당 전공생들은 타 문화에 대해 우호적인 태도를 가진 경향이 높습니다.

· 교환학생 프로그램 개설 여부 : 교환학생을 위한 프로그램이 잘 마련되어 있는가?

해당 교환학교에서 교환학생 복지 프로그램 개설 여부를 확인해 보세요. 학생들을 위한 복지가 정말 잘 되어 있는 학교에 교환학생으로 간다면 다채로운 경험을 할 수 있습니다.

제가 파견된 셰필드대학교는 영국 대학교 중 학생 복지 분야 1위를 기록할 만큼 학생들을 위한 셜 이벤트가 잘 되어 있어서 절대 심심할 수 없는 교환학생 생활을 누릴 수 있었답니다.

매 학기 초에는 신입생/교환학생들을 위한 370여 개의 동아리 박람회(Club Fair)가 크게 열려서, 그 기간에는 축제가 열린 것처럼 생생한 분위기를 느낄 수 있습니다. 부스에 방문하면 정말 친절하게 설명도 해 주니 마음에 든다면 가입해서 활동하면 됩니다.

일반 동아리로는 다이어리 꾸미기 동아리, 베이킹 동아리, 쿠킹 동아리, 디제잉 동아리, 동굴탐험 동아리, 페미니즘 동아리, 사회주의 동아리 등이 있으며 스포츠 동아리로는 배드민턴, 필드하키, 라크로스, 수영, 퀴디치, 태권도, 배구, 농구, 트램펄린 동아리 등 다양합니다.

그뿐 아니라 학교 자체적으로 여행/예술/문화 체험 프로그램을 진행하는데요. 학교에서 단체버스를 대관해서 교통편을 제공해 주기 때문에 따로 알아볼 필요 없이 매우 편합니다. 도착해서는 개인적으로 친구들과 자유롭게 돌아다니면 됩니다. 핸드메이드 화장품 회사 러쉬(Lush)와 함께하는 배스 밤 만들기, 커피 메이킹, 피자 만들기, 요가/필라테스, 컨트리댄스 배우기 등 다양한 문화 체험도 제공한답니다.

5. 교환학생 지원하기

교환학생에 지원하는 방법은 간단합니다. 지원받는 시기에 맞춰 학교 국제교류 홈페이지에서 모집 공고를 참고하여 온라인 및 오프라인 서류를 접수하면 됩니다.

이때 어학 능력 점수를 입력해야 하므로 그전까지 필요한 공인어학능력 점수를 미리 준비해 두어야 하며, 지원서 및 소개서를 작성해서 제출하면 됩니다.

교환학생 지원서 작성법

지원서는 아래와 같이 크게 세 파트로 나누어 작성하는 것이 좋습니다.

1) 자기소개 파트

2) 지원동기 파트

3) 학업계획 파트

1) 자기소개 파트

안녕하세요, 저는 ○○대학교에서 교육학을 전공 중인 2학년 ○○○입니다. 저를 한마디로 소개하자면 "한 번 마음 먹은 것은 기어이 해내는 사람"입니다. 삶을 살아가면서 목표가 있어야 의욕이 생기고, 그 목표를 성취하기 위해 달려가는 모든 과정을 즐기며 소중하게 여기기 때문입니다. 따라서 목표를 성취하기 위한 강한 의지와 끈기가 저의 장점이라고 생각합니다.

○○대학교에 입학한 후 지난 2년 동안 저는 총 세 가지 목표를 세웠습니다. 하나, 후회 없이 공부하여 최고 성적 받기. 둘, 교내 리더십그룹 ○○통역봉사단의 대표가 되어 단체를 더욱 발전시키기. 셋, 미래의 진로 찾기. 제가 세운 세 가지의 목표에 따른 결과는 다음과 같습니다.

우선, 저는 고등학교 재학시절 한 번도 만족할만한 상위권의 성적을 받지 못했기 때문에 저 자신이 공부에 소질이 없다고 생각했었습니다. 자신감이 많이 떨어지고 의기소침해져 있었기 때문에 대학교에 입학해서 꼭 최고 성적을 받아 저의 가능성에 도전해 보고 싶다는 생각이 들었습니다. 다행히 저의 전공인 교육학이 적성에 잘 맞았고 학문을 즐긴 결과, 저는 2년 내내 최고 성적을 유지하며 학문에 자신감을 갖게 되었습니다.

둘째, 영어가 특기였던 저는 교내 리더십그룹 ○○통역봉사단의 대표가 되어 하나의 단체를 책임지는 대표자의 역할을 맡아 보고 싶었습니다. 지금까지 항상 반장 혹은 동아리 회장 역할을 맡아왔으나 단원 60여 명의 규모를 가진 단체를 이끄는 일은 처음이었기 때문입니다. 지난 2017년 한 해 동안 저는 대표자로서 수십 명의 단원을 이끌며 크게 두 가지의 사업을 성공적으로 추진, 진행했습니다. 처음으로 지역 아동들을 대상으로 한 제1회 어린이 영·중·일 언어캠프를 기획하여 성공적으로 끝마쳤습니다.

또한, 각 국가를 대표할 수 있는 미국, 영국, 일본, 중국인 토론자를 섭외하였으며, 통역봉사단 단원 중 언어 실력이 뛰어난 통역사 네 명을 선발해 다국어 통역-토론대회(모의국회 콘퍼런스)를 성공적으로 개최했습니다. 이렇게 다양한 사람들과 함께 일하며 성취감을 느낄 수 있었습니다.

세 번째 목표는 미래의 진로 찾기였습니다. 항상 저는 막연하게 '교육'에 관련된 전문가가 되고 싶다고만 생각하고, 특정한 미래의 청사진을 그리지 못해왔습니다. 따라서 다양한 교육봉사를 진행하기도 하고, 교수님들께 진로상담을 받으면서 저의 진로에 대해서 곰곰이 생각해 보았으나 명확한 답을 찾을 수 없었습니다. 그런데 이번 UC Berkeley Summer Session을 통한 경험이 지금까지 물음표로 남아 있었던 질문에 마침표를 찍어 줄 것 같아서 지원하게 되었습니다.

자기소개 파트에서는 지난 2년 동안의 대학 생활을 요약해서 작성합니다.

첫 번째 문단에서는 가치관을 보여줄 수 있게 "한 번 마음 먹은 것은 기어이 해내는 사람"이라고 소개했고, 그에 대한 근거로 대학 생활하는 동안 목표 세 가지를 세워서 1, 2학년 동안 세 가지 목표를 모두 이루어 내거나, 혹은 이를 위해 열심히 노력하고 있다는 것을 보여 주었습니다.

목표 세 가지는 ① 최고 성적 받기 ② 봉사 동아리 회장으로서 활동 이끌기 ③ 진로 찾기였는데, 각각을 어떤 식으로 달성하고 있는지, 혹은 노력하고 있는지를 보여 주었습니다.

그리고 마지막 문장에서는, 특히 이 프로그램이 저에게 얼마나 큰 도움이 될 수 있을지 어필하였습니다.

2) 지원동기 파트

제가 UC Berkeley Summer Session 프로그램에 지원하게 된 결정

적인 이유는 다음과 같이 세 가지로 요약할 수 있습니다.

첫째, 외국에서 한 번도 공부한 적이 없었기 때문에 공부 환경이 잘 맞을지 확인하고 싶습니다. 교육학으로 세계 9위를 차지할 만큼 유명한 대학인 UC Berkeley에서도 수업을 듣는다면 제가 추후 외국 학교에서 공부할 수 있는지 판단할 수 있는 좋은 척도가 되리라 생각합니다.

둘째, 저의 가능성을 시험하고 한계에 도전하고 싶습니다. 저는 지금까지 영어를 특기로 삼아 한국에서 유용하게 사용했지만, 과연 한국에서만 배웠던 영어가 현지에서도 통할지 궁금했습니다. 저는 한 번도 외국인들과 함께 프로젝트나 사업을 해 본 적이 없기 때문에 현지 대학에서 다양한 사람들과 함께 일을 해 보고 싶다는 생각이 들었습니다. 그곳에서도 뛰어난 성과를 거두고 싶다는 도전정신이 생겼습니다.

셋째, Summer Session 프로그램이 저의 대학 생활에서 잠시 쉬어가는 값진 여유를 안겨 주리라고 확신합니다. 지금까지 한국에서 제가 세운 세 가지 목표를 성취하기 위해 늘 바쁘게 살았습니다. 그러다 보니 부모님과 친구들, 그리고 교수님들까지 진로상담을 할 때마다 제가 지나치게 바빠 보인다며, 미래에 대해 생각할 시간이 필요한 것 같으니 잠시 쉬어가도 좋다고 독려해 주셨습니다.

물론 저는 바쁜 그 과정을 즐기고 늘 행복했지만, 저를 아끼는 분들이 조언하신 대로 새로운 곳에서 더 넓은 세상을 보고 지금까지 해 보지 못한 것들을 경험해 보는 것 또한 좋은 자산이 되리라고 생각합니다.

미국은 다양한 문화가 모인 곳이기에, 새로운 친구들과 교류하며 그들이 생각하는 방식을 이해해 보고, 또 지금까지 제가 생각하지 못했던 통찰력을 얻을 수 있을 것 같아 자아 성찰에도 큰 도움이 될 것 같습니다.

지원동기 파트에서는 왜 교환학생 프로그램에 참여하고 싶은지를 구체적으로 밝히는 것이 좋습니다.

교환학생으로 가고자 하는 이유는 많겠지만, **한 가지는 진로 관련으로 잡고, 다른 한 가지는 개인적인 경험의 확장**, 혹은 개인의 성장에 얼마나 영향을 줄 수 있을지를 중심으로 서술하는 것을 추천합니다. 특히 "교환학생"이기 때문에, 궁극적으로 얼마나 전공 관련 학업에 긍정적인 영향을 줄 수 있을지 명시하는 것이 좋습니다.

저 같은 경우, 당시 교육학 석사를 꿈꾸고 있었고, 특히 해외 대학원도 옵션으로 고려하고 있었기 때문에 과연 외국에서 공부하는 것이 저에게 잘 맞을지 알아볼 수 있는 절호의 기회라고 생각했습니다.

또한, 외국에서 생활한 적이 한 번도 없었기 때문에 낯선 환경에서도 적응하고, 다양한 도전을 해 보고 싶었으며, 마지막으로 새로운 환경에서 생활하다 보면 기존에는 보이지 않던 것들이 보이게 될 테니 너무 달려오기만 했던 이전과의 삶과 다르게 살아 보고 싶은 생각이 컸습니다.

3) 학업계획 파트

제가 UC Berkeley Summer Session 프로그램에 참여하게 된다면 총 두 가지 전공과목을 수강할 계획입니다.

우선, '교육학 비판적 연구(Critical Studies in Education)'라는 강의식 수업을 수강할 계획입니다. 이 수업은 교육환경이 개개인에게 미치는 영향과 사회구조에 대해 탐구하는 수업입니다. 매주 6시간 동안 교수자가 교실에서 수업하는 일반적인 강의식 수업인데, 미국에서 꼭 한 번 강의식으로 진행하는 수업을 들어 보고 싶었기 때문에 수강할 계획입니다.

둘째로는 '교육의 실제(Practicum in Education)'라는 과목을 수강할 것입니다. 이 강의는 웹 기반 학습 강의이지만, 실제로는 일주일에 30분은 이론 수업을 사이버 강의로 대체하고, 8~24시간은 실제 교육 현장에 참여하는 강의입니다. 미국의 실제 교육 현장에 가서 체험할 수 있다는 것은 교육학 전공자로서 큰 기회라고 생각하기 때문에 말씀드린 두 강의를 수강할 계획입니다.

UC Berkeley에서 최대한 다양한 국적의 사람들과 함께 공동의 프로젝트를 진행하면서 외국에서 일하는 것이 저의 적성에 맞는지 확인하고 싶습니다. 또한 미국 서부의 명문대학에서의 학업 경험은 제가 대학원 진학을 할지 여부와, 하게 된다면 국내로 갈지 혹은 해외로 갈지를 결정할 수 있는 소중한 경험이 될 거라고 확신합니다. 이번 2018 UC Berkeley Summer Session 프로그램은 다시 오지 않을 기회임을 잘 알고 있기에, 적극적으로 참여하고 배우고 올 것을 약속드립니다.

학업계획 파트는 **보다 구체적으로** 서술하는 것이 좋습니다. '저는 전공수업을 들으면서 영어 실력을 함께 성장시키겠습니다'와 같은 추상적인 말은 누구나 할 수 있기 때문에, 차별화하기 위해서는 실제로 내가 그 대학교에 교환학생으로 갔다고 생각하고 어떤 과목을 들을 것인지까지 구체적인 계획을 보여 주는 것이 필요합니다.

교환학생 준비 과정

파견학교 수강신청 페이지에서 실제 열리는 수업을 확인하자!

먼저 해당 학교의 수강신청 페이지에 가서 어떤 과목들이 계절학기에 개설되는지, 실제로 학년별 권장과목에는 어떤 것이 있는지, 그중 교환학생이 들을 수 있는 과목은 무엇인지 확인해 보세요.

강의계획서에 나와 있는 내용을 읽으면서, 실제로 내가 배우게 될 내용들을 확인하고 그 내용들을 학업계획서에 담으면 내용을 훨씬 구체적으로 제시할 수 있습니다.

① 자기소개서, 지원서 및 어학점수 제출

② 여권 발급

합격한 파견학교에 지원서 작성 시 여권번호를 제공해야 하므로 반드시 여권은 개인적으로 미리 발급받아야 합니다. 파견학교 지원서, 여권, 비자, 각종 증명서, 항공권에 기재하는 영문 성명 철자와 생년월일은 반드시 통일해야 합니다.

③ 지원서 제출

합격한 파견학교에 제출할 지원서 양식과 구비서류를 준비하여 기일 내 제출합니다.

④ 입학허가

파견학교에서 제출된 서류를 검토하고 입학허가 여부를 결정하는 단계입니다. 입학이 허가되면 파견학교에서 입학허가서(비자 발급에 필요한 서류) 및 기타 안내문 등의 서류를 송부합니다.

⑤ 학생 비자 발급

파견학교로부터 입학허가서 및 학생 비자 발급에 필요한 서류를 수령하게 되면 국내 주재 대사관에 학생 비자를 신청합니다.

⑥ 출국

반드시 본교에 정식으로 등록해야 합니다. 만약 휴학인 상태로 교환학생을 다녀올 경우, 학점 인정이 되지 않으므로 반드시 등록 기간 내에 등록금을 납부하고 등록해야 합니다.

7장

인턴 생활과 취업 준비

인턴 생활과 취업 준비

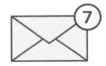

고학년이 될수록 진로와 취업에 대한 고민이 깊어집니다. 나는 졸업하면 무엇을 하면서 살아가게 될까, 어떤 일을 해야 할까 생각이 많아지게 되죠. 진로는 다양합니다. 대학원에 진학하여 추가적인 학업을 이어갈 수도 있고, 전문직 시험에 도전하는 수험생이 될 수도 있고, 뜻이 있다면 직접 사업을 시작하는 스타트업 대표로 거듭날 수도 있겠죠. 그러나 상당수의 학생은 아마 취업을 생각할 것입니다. 따라서 이번 챕터에서는 다들 한 번씩은 생각해 봤을 '취업'에 관한 내용을 담아 보고자 합니다.

꼭 취업이 목표가 아니더라도, 대한민국에서 취준생으로 살아가는 테크트리는 대개 이런 모습과 방식을 띄고 있구나, 라고 이해하는 데 도움이 될 것입니다.

1. 기본 중 기본, 직무 이해하기

회사에는 어떤 부서들이 있고, 각각 어떤 직무를 수행할까요? 취업 준비의 기본 중 기본! 아래 설명을 읽으며 나는 어떤 부서에 가장 잘 부합하는지, 어디에서 가장 잘 일할 수 있는지 생각해 봅시다.

회사의 목적은 돈을 버는 것이다.

회사는 다양한 방법을 통해 돈을 벌지만, 가장 간단하게 생각하면 상품 (Product)을 팔며 돈을 법니다. 중국집에서는 짜장면을 팔고, 빵집에서는 빵을 팔고, 휴대전화 판매점에서는 휴대전화를 팔고, 네이버/카카오 같은 IT 회사에서는 무형의 IT 서비스(네이버 검색 서비스, 쇼핑 서비스, 광고 서비스 등)를 고객에게 제공하고 그에 대한 대가를 받습니다.

곤충을 머리/가슴/배로 나누듯
회사도 크게 세 개의 조직으로 나눌 수 있다.

돈을 벌기 위해서 회사는 크게 세 개의 조직으로 나뉩니다.

1) 상품을 만드는 조직

2) 상품을 파는 조직

3) 회사를 관리하는 조직

1) 상품을 만드는 조직

돈을 벌기 위해서는 상품(Product)이 필요합니다. 빵집에서는 '빵'을 만들어야 하고, 빵을 만들기 위해서는 기술이 있어야 하죠. 맛있는 빵을 만들기 위한 레시피가 있어야 하며, 레시피에 따라 빵을 만드는 사람들, 빵이 공장에서 잘 만들어지는지, 품질에는 이상이 없는지 공장을 관리할 사람들도 필요합니다.

회사에 따라서는 이런 직군을 R&D(연구개발) 직군, 생산직군이라고 부릅니다. IT회사처럼 무형의 상품(Service, Product)을 만드는 사람들은 개발자(프로그래머), 서비스 기획자, UI/UX 디자이너라고 불립니다.

이처럼 전문화된 상품을 만들기 위해서는 전문성이 있어야 하므로 해당 분야에 전문성을 발휘할 수 있는 전공생들이 우대됩니다. 반도체를 만들기 위해서는 반도체 관련 지식이 많은 전공생이 유리할 것이고, 기계/부품을 디자인하고 생산할 땐 기계공학 전공생과 디자인 전공생이 우대됩니다.

물론 꼭 전공생일 필요는 없지만, 아무래도 학교에서 4년 동안 해당 내용을 더 집중적으로 배웠기 때문에 기본적인 지식이 있다고 판단되어서 취업할 때 상대적으로 유리합니다.

자 이렇게 해서 맛있는 빵이 완성되었습니다! 손님들에게 팔 수 있는 상품이 준비되었다면, 이제 빵을 파는 일만 남았습니다.

2) 상품을 파는 조직

아무리 맛있고 좋은 빵을 만들어도 잘 팔리지 않으면 말짱 도루묵입니다. 그 래서 회사 입장에서는 '어떻게 하면 잘 팔 수 있을까'를 고민하지요. 여기에서 판매에 관여되는 부서가 바로 영업, 마케팅 부서입니다.

영업 부서

제과점을 차려서 고객에게 직접 팔 수도 있지만, 보통 많은 사람이 주로 쇼핑 하는 마트(홈플러스, 이마트), 편의점(GS25, CU, 세븐일레븐), 혹은 온라인 스토어에 입 점하면 훨씬 더 많은 사람을 대상으로 팔 수 있습니다. 따라서 영업 담당자들은 보통 판매채널 담당자들과 함께 일합니다. 함께 "어떻게 하면 우리 빵이 잘 팔릴 까?"를 고민하는 것이죠.

- '어떤 가격에(가격 할인), 어떤 구성(수량, 종류), 어떤 혜택(사은품 등)을 주어야 하 는지?'
- '어느 코너에 어떤 식으로 상품을 진열, 배치해야 하는지?' (이벤트존 별도 설치)
- '이벤트를 진행한다면 어느 기간에 진행해야 우리 빵이 잘 팔릴지?'

가장 중요한 지표는 우리 빵이 얼마나 많이 팔렸나를 확인하는 것입니다. 만 약 지난달에 비해 이번 달 매출이 줄었다면 그 이유를 찾아야 하죠. 우리 빵이 더는 맛이 없고 질려서일 수도 있고, 경쟁업체가 신제품을 출시해서 손님을 빼 앗겼을 수도 있고, 혹은 이번 달 전체적으로 사람들이 빵보다는 과자를 더 많이 찾아 판매량이 줄었을 수도 있습니다.

이처럼 영업 부서는 끊임없이 상품을 얼마나 많이 팔 수 있을지 고민하는 역할을 담당합니다. 흔히 영업 담당자라고 한다면, 직접 발로 뛰며 거래처와 좋은 관계를 유지하고, 설득하고, 대화하는 커뮤니케이션 역량을 떠올릴 것입니다. 하지만 더 중요한 것은 손익을 따져 고객사와 자사가 서로 윈윈할 수 있는 전략을 제안하고, 논리적으로 설득하는 능력입니다. 이를 위해서 전반적인 비즈니스를 보는 능력, 상품과 서비스, 산업에 대한 이해가 더욱 중시됩니다.

마케팅 부서

고객들이 상품을 왜 살까요? 가격이 저렴하니까, 사은품을 주니까, 혹은 현재 가격 할인을 하고 있으니까 등등 여러 가지 이유가 있겠지만, 무엇보다 고객이 해당 브랜드를 좋아하기 때문에 사는 경우가 다수일 것입니다. 많은 사람에게 제품을 알리고, 제품에 대한 긍정적인 인식을 심어 주는 것이 바로 마케팅 부서의 일입니다.

우리 브랜드, 제품을 알리려면 어떻게 해야 할까요? 예를 들어, 재미있는 이벤트를 마련해서 사람들의 입소문을 통해 널리 퍼질 수 있도록 하는 방법이 있을 것입니다. 포켓몬 빵을 많이 팔기 위해서 빵 안에 스티커를 집어넣고 특정 캐릭터를 발견한 고객에게 큰 상품을 주는 것이 하나의 예가 되겠지요.

무조건 많은 사람에게 알리는 것이 좋은 건 아닙니다. '원하는 메시지'를 잘 전달할 수 있는 방향으로 알려야 합니다.

예)

목적 : 새로 출시한 빵은 '건강하면서 맛있어 부담 없이 먹기 좋은 빵'이란 점을 알리고자 함

대상 : 건강에 신경 쓰는 집단

방법 : 샐러드를 하루에 꼭 한 끼 이상 먹는 사람들을 대상으로 이벤트 진행
운동센터들이 밀집된 지역에 팝업스토어 오픈

일관적으로 소비자들에게 같은 메시지를 전달하며, 긍정적인 이미지를 갖고 구매로 이어질 수 있도록 계획을 짜고, 실행하는 것이 마케팅 부서의 역할입니다. 따라서 마케팅 부서는 돈을 벌어오기 위해 '돈을 쓰는 부서'라고도 말할 수 있습니다. 계속해서 돈을 쓰면서 홍보/광고도 해야 하고, 제품을 알리기 위한 행사들을 개최해야 하기 때문입니다.

3) 회사를 관리하는 조직

마지막으로 회사 전체를 관리하는 조직이 있는데, 다른 말로 회사 내부 살림을 하는 부서라고도 불립니다. 회사가 돈을 아무리 많이 벌어도, 어디에서 얼마나 사용하는지, 앞으로 얼마나 아껴야 하는지 전체적으로 관리하는 부서가 없다면 망하기 십상이겠죠?

이렇듯 회사를 관리하는 조직이 경영지원팀인데요, 세부적으로는 기획팀, 회계팀, 인사팀, 법무팀, 홍보팀, 총무팀으로 나뉘게 됩니다.

기획/회계팀

회사를 운영하다 보면 돈을 벌 일도 많지만, 돈을 쓸 일도 많습니다. 재료비부터 공장운영비, 직원 월급, 공장 설립 비용, 임대료, 세금까지 돈을 써야 할 일이 매우 많죠. 따라서 가계부를 정리하듯이 회사의 돈을 관리하는 부서가 기획/회계팀입니다.

기획팀은 전체적으로 우리 회사가 잘 돌아가고 있는지 확인하는 부서입니다. 각 부서의 실적은 어떠한지, 이를 기반으로 이번 연도 우리 회사의 실적은 어떠한지, 매출, 영업이익, 손실을 파악하여 다음 연도 사업의 방향성을 정하고, 신사업이 필요하다면 추진하는 부서죠. 따라서 경영진과 가장 밀접하게 일하는 CEO 직속부서로서, 경영진의 의사결정을 돕는 팀이기도 합니다.

회계팀은 기획팀을 서포트하기 위해서 좀 더 '돈'과 관련된 일에 집중된 부서입니다. 실제 벌어들인 돈과 투자한 액수를 파악하고, 세금 내역 등을 통해 정확히 일치하는지 확인합니다.

인사/총무팀

회사의 자원은 물적자원과 인적자원으로 나눌 수 있습니다. 회사의 물적자원에는 회사 건물/토지/공장/회사 비품/자동차 등 회사에서 구매한 다양한 물건이 해당하고, 인적자원에는 회사에서 일하는 직원들이 해당합니다.

사람(직원)들을 관리하는 부서를 인(人)사팀이라고 합니다. 인사팀은 사람이 부족하면 사람을 뽑기도 하고(채용), 직원들이 더 일을 잘하게 만들기 위해서 적절한 보상(승진, 평가, 휴가, 복지후생)을 합니다. 필요하다면 추가적인 교육을 계획해서 일을 더 잘하도록 교육/훈련도 합니다. 직원들이 근무 중 불편한 사항은 없는지, 요구사항은 없는지 파악하기 위해 간담회를 개최하여 여러 애로사항을 듣고, 회사의 입장과 직원들의 입장을 최대한 잘 조율하는 역할도 담당하지요.

총무팀은 물적자원을 관리하는 부서입니다. 회사가 필요한 것들을 미리 파악하고 불편함이 없도록 미리 채워 두고, 구매하고, 관리하는 역할을 담당합니다. 예를 들어, 코로나 때문에 회사 전체적으로 방역 지침을 새로 세워야 한다면 손소독제는 잘 비치되어 있는지 점검하고, 정부로부터 전달받은 코로나 방역 지침에 해당하도록 계획하고 집행합니다. 영업팀 이동 차량이 모자랄 경우 회사 지침에 따라서 해당 차량을 구매하고 계약을 체결합니다. 이처럼 총무팀은 회사의 살림꾼 및 보안을 담당하는 부서입니다.

법무팀

사업을 진행할 때 항상 고려해야 할 것은 법적 테두리 안에서 가능한지 파악하는 일입니다. 법적으로 문제가 생기면 계획했던 모든 활동이 수포가 되기 때문에 회사 내부에 법무팀을 두고 사업이 법적으로 타당한지 확인하는 작업을 거치지요.

홍보팀

홍보팀은 회사 밖으로 우리 회사를 알리는 역할을 담당합니다. 신제품의 내용, 신사업, 이번 연도 회사 실적 등을 회사 밖의 사람들에게 알리는 역할을 담당하죠. 신문 기사/인터넷 기사 등을 통해 알리기 때문에 기자들을 상대하고, 공식 홈페이지, 뉴스룸을 통해 기사 작성 및 발간, 인터뷰 준비 등 회사의 대내외적 이미지를 담당하는 역할을 합니다.

자, 이제 각 부서에 대해서 조금 이해가 갔나요? 이제 회사에서 올리는 '채용 공고'의 직무들이 편하게 이해될 겁니다. 회사의 전체 구조를 이해하고, 그 안에서 각각의 조직이 어떤 일을 담당하는지, 나는 그 안에서 어떤 업무를 담당하게 될 것이며, 이를 위해 어떤 역량이 필요한지 순으로 따져 본다면, 직무에 대한 이해가 훨씬 쉬워질 것입니다. 또한 자기소개서 작성부터 면접 준비까지 많은 도움이 될 겁니다.

2. 현직자 만나기

취업 준비에 있어서 가장 중요한 건 현직자와의 만남입니다. 같은 직무에서 일하는 사람에게 물어보는 것이 가장 정확하기 때문입니다. 현직자들을 만나면 꼭 아래 내용들을 물어보세요.

현직자 질문 리스트

☐ 이 회사에서 ○○직무로 입사한다면 어떤 일을 하는지?

☐ 하루 루틴이 어떻게 되는지(매일 시간별로 어떤 일들을 주로 하는지)?

☐ 어떤 사람이 해당 직무에 잘 맞는지?

☐ 어떤 사람이 해당 직무에 안 맞는지?

☐ 해당 직무를 잘 수행하기 위해서는 어떤 역량이 필요한지?

☐ 일하면서 마주하는 갈등 상황이나 어려움에는 무엇이 있는지?

☐ 이 일을 하기까지 어떤 길을 걸어왔는지? (해당 직무를 하게 된 계기)

☐ 해당 산업/직무의 비전은 어떻게 보는지?

☐ 앞으로 커리어 관리는 어떻게 하는 것이 좋을지?

현직자와의 만남을 통해 쉽고 빠르게 궁금증을 해결할 수 있습니다. 물론 한 사람의 이야기만 듣고 모든 것을 결정하거나, 단정 지을 수는 없습니다. 하지만 다양한 사람들의 이야기를 듣다 보면 공통으로 하는 이야기가 보이게 됩니다.

이야기만 듣지 말고, 그 사람 자체를 유심히 관찰하자.

현직자가 본인의 회사/직무에 대해서 잘 맞는다고 하면 그 사람의 성향을 파악해 보세요. 대게 그러한 성향의 사람이 해당 직무에 잘 맞는다고 유추해 볼 수 있겠죠. 그다음으로 내가 해당 현직자와 성향이 비슷한지 확인하는 것이 좋습니다.

현직자 만나는 법

① 캐치카페 - LIVE 특강(https://www.catch.co.kr/CatchClass/Live)

캐치카페에서는 무료로 현직자와의 라이브 특강을 제공하고 있습니다. 캐치클래스 → LIVE 클래스에서 듣고 싶은 강의를 신청하면 됩니다. 실시간으로 진행되는 강연으로, 궁금한 점을 바로 물어볼 수도 있습니다.

② 루키즈 캠퍼스(@team.rookies)

루키즈 캠퍼스는 서울 관악구/금천구/동작구 등 서울의 다양한 지역들과 연계해서 현직자들의 특강을 제공하고 있습니다. 모두 무료이고, 매달 구글 폼을 통해 신청받고 있습니다. 실시간으로 현직자와의 만남이 진행되며, 질의응답을 통해 궁금한 점을 묻고 답할 수 있습니다.

③ Linkedin, 네이버 블로그 등 SNS 이용

Linkedin이나 네이버 블로그 등 다양한 소셜 미디어를 통해 현직자에게 직접 메시지를 보내는 방법도 있습니다. 대부분 솔직하고 친절하게 답을 해 줍니다.

많은 사람을 대상으로 하는 라이브 특강과 달리 1 : 1로 대화하기 때문에 더욱 솔직하고 진솔한 이야기를 들을 수 있습니다.

3. 취업공고 찾는 법

1) 대기업/중견기업 등 메이저 기업의 신입 공고가 궁금하다면?

- 자소설닷컴(https://jasoseol.com/)
- 캐치(https://www.catch.co.kr/)

삼성/현대/LG/SK/롯데/CJ/네이버/카카오와 같은 대기업, 중견기업들의 채용공고(신입) 위주로 가장 쉽고 빨리 볼 수 있는 곳입니다. 대기업/중견기업의 정규직(신입) 취업공고들을 보고 싶다면 위의 두 사이트를 추천합니다.

2) 인턴+대외활동 공고를 집중적으로 보고 싶다면?

- 링커리어(https://linkareer.com/)

아직 정규직(신입) 자리를 지원하기에는 인턴 경험이나 대외활동 경험이 없다고 생각할 때 인턴 공고를 집중적으로 볼 수 있습니다.

3) 외국계 기업/스타트업 공고를 집중적으로 보고 싶다면?

- 슈퍼루키(https://www.superookie.com/)

- 피플앤잡(https://www.peoplenjob.com/)

외국계 기업이나 스타트업에 특화된 사이트입니다. 슈퍼루키에서는 외국계 기업/스타트업의 신입/인턴/계약직 공고를 볼 수 있습니다. 피플앤잡에는 외국계 기업 공고가 집중적으로 모여 있는데, 신입보다는 경력직 공고 위주로 올라오는 편이나, 가끔 신입/인턴 공고들이 올라오는 경우가 있으니 둘 다 살펴보는 것이 좋습니다.

4) 다른 사람들은 잘 모르는 채용공고를 더 찾고 싶다면?

- 학교 취업경력개발원(취경원) 사이트

- 해당 기업 사이트

대학교의 취업경력개발원(취경원) 사이트들이 있는데, 일부 기업의 경우 학교에 공문을 보내거나, 직접 해당 학교 취업경력 사이트에 인사담당자들이 공고를 게시하기도 합니다. 내가 관심 있는 기업이라면 해당 기업 사이트를 즐겨찾기 해 놓고 주기적으로 방문해 보세요.

오픈채팅방 가입

취업 준비의 핵심은 주변 환경을 온통 취업과 관련된 것들로 바꾸는 것입니다. 어디서든, 언제든 내 주변에서 계속 취업과 관련된 내용들을 접할 수 있어야 '취뽀'에 가까워질 수 있지요.

유튜브를 틀어도 유튜브 알고리즘에는 기업/산업/직무 관련 영상, 혹은 자기소개서/면접 준비 관련 영상으로 깔아 놓고, 카카오톡에도 취업 관련 소식들을, 메일함도 취업 관련 소식들, 인스타그램도 계속해서 취업 관련 내용들로 만드는 것입니다.

일반적으로 취업사이트에서 정보를 얻으려면 직접 검색해야 하는 번거로움이 있습니다. 따라서 취업공고만을 스크랩해 공유하는 오픈채팅방과 카카오톡 단체방을 적극적으로 이용하는 것을 추천합니다.

1) 인사담당자 취업 준비 정보방

실시간으로 채용공고를 공유하며, 알아 두면 좋을 업계별 소식을 뉴스클리핑으로 보내 주어 지속해서 트렌드를 익힐 수 있습니다. 하루에도 종종 와 있는 메시지들을 읽으며 필요한 내용을 확인할 수 있습니다.

2) 채용공고 - 외국계 기업 - 피플앤잡

외국계 기업 공고에 특화된 채팅방인 피플앤잡 채용공고 대화방에는 다양한 직무의 공고(IT/마케팅/HR/sales 등)가 올라옵니다. 가끔 외국계 기업뿐만 아니라 국내 기업, 혹은 스타트업의 공고들도 함께 올라옵니다.

3) 카카오톡 채용봇 - 링커리어

카카오톡에 '링커리어 채용봇'을 검색하면 매일 채용공고 소식을 보내 줍니다. 특히 인턴 관련 채용공고들에 특화되어 있습니다.

취업 뉴스레터 구독

1) 캐치 뉴스레터 '캐슈닛'

이메일로도 채용공고를 보내 주는 서비스가 있습니다. '관심 분야'로 설정해 놓은 기업/직무 관련 채용공고들만 선별해 이메일로 받을 수 있으며, 채용기업 관련 뉴스들도 받게 됩니다.

2) 기업 뉴스레터

LG, 롯데, 현대, 기아 등 대부분의 대기업은 커리어 이메일 시스템을 갖고 있습니다. 해당 기업 채용 사이트에서 뉴스레터를 신청해 놓으면 기업들의 새로운 채용공고를 받게 됩니다.

4. 취업 준비 테크트리

우리는 지금까지 항상 정해진 커리큘럼이 있는 삶을 살아왔다.

명확한 기준이 존재하고, 정답과 오답이 존재하죠. 틀렸다면 피드백을 받는 것에 너무 익숙했던 겁니다. 초등학교-중학교-고등학교에서는 학교 시험 준비를 하며 정해진 답을 맞혀 왔고, 대학교에 가기 위해 수능을 준비할 땐 '시험 범위'라는 것이 존재했고, 어느 시기에 무엇을 해야 할지도 선생님들이 다 알려 주었으니까요.

대학에서도 마찬가지로 조금 더 자유가 생기기는 했지만, 여전히 '과제와 시험'을 내주는 교수님들이 있었고, 교수님이 정해 주는 일정에 맞춰 주어진 졸업 학점을 채우는 삶을 살았습니다.

취업 준비에는 정해진 답이 없다.

명확한 기준도 없고, 무엇보다 피드백이 없습니다. 원하는 기업의 공고가 언제 뜰지 아무도 모르고, 탈락했어도 무엇 때문에 떨어졌는지, 왜 떨어졌는지 모릅니다.

공무원 시험 준비, 임용고시, 로스쿨, CPA 등과 같은 시험준비생이나 공기업 준비생들은 어느 정도는 "정해진 커리큘럼"이 존재합니다. 정해진 룰, 정해진 가점에 의해 정확하게 평가되다 보니 어떤 시험 범위를 공부해야 하고, 어떤 문제집을 풀어야 하는지 대강 예측할 수 있죠. 시험 준비, 공기업 취업 준비와 사기업 취업 준비는 다 특징이 다르기에, 자신이 사기업에 더 맞는 사람인지 혹은 공기업에 더 맞는 사람인지 한 번 더 생각해 보는 게 좋습니다.

공기업을 준비하면서 사기업을 넣어보는 건 괜찮지만, 사기업을 준비하면서 공기업 준비하는 것은 추천하지 않습니다. 공기업은 NCS라는 시험과 전공 시험을 따로 준비해야 하며, 가산점을 받을 수 있는 자격증들이 존재하기 때문에 사기업처럼 진입장벽이 낮은 편은 아닙니다. 그래서 이 부분에 대해서 명확히 인지해야 할 필요가 있지요.

사기업 취업 테크트리

1) 워밍업(1, 2월 / 7, 8월)

□ 내가 가고 싶은 기업(산업군, 직무) 정하기

□ 기준 정하기

□ 자기소개서 작성하기

□ '연습 경기'라고 생각하고 원서 넣어 보기

□ 인적성 공부하기(GSAT 기본으로 공부)

워밍업 단계에서 알아 두어야 할 것

- 초반 두 달 동안 채용공고 자체가 거의 뜨지 않는다.
- 그마저 경험 만땅, 베테랑이 된 전 시즌 취준생들이 많이 지원해서 경쟁력이

떨어진다.

• 본격적인 '대기업 취업공고'는 3, 4월 / 9, 10월에 대부분 뜬다.

첫 두 달 동안 서류 합격한 곳이 없더라도 미리부터 절망할 필요 없습니다. 따라서 '연습 경기'라고 생각하고, 처음 시작한 취업 준비인 만큼 자기소개서 작성 연습한다고 생각하는 것이 좋습니다.

워밍업 단계에서 해야 할 것

① 자기소개서 초안(마스터 자기소개서) 만들기

② 산업/기업/직무 공부하기

- 해당 산업/기업/직무에서 필요한 역량은 무엇인가?

- 내가 가진 경험 중 강조하면 좋을 경험은 무엇인가?

- 현직자 인터뷰

자기소개서는 실험과정이다.

자기소개서는 내가 적어 놓았던 '자기소개서 초안'에서 1) 조금씩 바꾸고 2) 디벨롭하고 3) 추가하고 4) 덜어내고 – 의 과정이 필수입니다. 여러 자기소개서를 작성하며 실험을 한다고 생각하세요.

'아, 내가 저번에 A 소재로 자기소개서를 썼는데, 5개 기업 중에 2개 기업만 서류 통과가 되었네? 그럼 이번에는 A가 아니라 A′ 로 바꾸어 볼까? 아니면 B로 바꾸어 볼까?' 이런 생각으로 자기소개서를 점점 발전시키면 됩니다.

인적성 공부 시작 : 두 달 안에 'GSAT 통합 기본서' 1권은 끝내자!

인적성 공부는 방학인 1~2월(혹은 7~8월)부터 시작하는 것이 좋습니다. 인적성검사가 어려운 시험은 아니지만, 처음 문제 유형을 보면 당황하기 쉽기 때문입니다.

시중에 여러 문제집이 있지만, 삼성의 인적성검사인 GSAT(Global Samsung Aptitude Test) 기본서 1권을 선정하여 푸는 것을 추천합니다. 대부분의 시험 유형들이 GSAT와 비슷하거나, 그 틀에서 크게 달라지지 않으니까요.

혼자 공부하기 막막하다면 단기로 GSAT 인터넷 강의를 듣는 것도 좋습니다. GSAT는 정석대로 푸는 것보다, 최대한 빠른 시간에 답을 도출하는 훈련이 필요합니다. 강사들이 문제 풀이 방법을 알려 주기 때문에, 초반 한 달 동안 강의를 통해 감을 익힐 수 있습니다. 기본서를 떼고 나면 그 이후로는 문제들이 손에 익게 되는데, 그 이후부터는 문제집 여러 권을 반복해서 풀면 됩니다.

2) 초반 스퍼트(3, 4월 / 9, 10월)

☐ 원서 작성

☐ AI역량검사

☐ 인적성 시험공부

3, 4월(혹은 9, 10월)은 대부분의 기업에서 공고가 올라오는 시기입니다. 초반 두 달에 비해 3~4배 많은 양의 채용공고가 한꺼번에 쏟아지는, 취준생 입장에

서는 그야말로 축제와 다름없는 시기죠. 이전에는 지원하고 싶어도 채용공고 자체가 뜨지 않아 기회조차 없었는데, 이 시기야말로 대부분의 기업(삼성, LG, SK, CJ, 현대, 롯데, 포스코 등)에서 채용이 시작되니까요.

원서 작성 루틴

① 내가 지원하고자 하는 회사/직무/마감 기한을 쭉 리스트업한다.

② 공고가 뜨자마자 기본적인 인적 사항(학력/경력/자격증/공모전 등)을 바로 기입한다.

③ 자기소개서 문항을 분석해서, 각 문항에 어떤 내용을 쓰면 좋을지 2~3일 동안 산업/기업/직무 리서치를 한다.

④ 최소 지원 마감 하루 전까지는 자기소개서를 완성한다.

처음에는 익숙하지 않겠지만 점점 이 루틴이 손에 익을 것입니다. 두 달간 위의 과정을 매일 반복한다고 생각하세요. 매일 최소 1개의 기업에는 지원한다는 생각으로 임한다면, 마지막 즈음에는 꽤 많은 총알을 갖게 될 겁니다.

AI역량검사(AI면접)

3~4월에 서류 원서를 여러 군데 접수해 놓으면, 3월 말 ~ 4월부터는 조금씩 서류 합격/불합격 소식들이 들려오면서 'AI역량검사' 날짜가 잡힐 것입니다. AI역량검사가 처음이라면 유튜브에서 관련 영상을 보면서 어떤 식으로 문제가 나오는지 학습하기 바랍니다.

기본 질문

자기소개, 지원동기 및 자신의 장단점을 1분 내외로 대답합니다.

성향 체크

해당 기업의 인재상, 해당 직무의 인재상과 적합한지 파악하기 위한 적성 검사 질문으로 이루어져 있으며, 솔직하게 일관적인 답변이 필요합니다. 인성 검사 결과는 추후 면접 참고 자료로도 활용됩니다.

상황 질문

'상황극'과 같이, 특정 상황을 주고 이에 따라 어떻게 대응할 것인지를 보는 단계입니다. 예를 들어 '상사가 개인 비용을 회사 공금으로 처리하였다. 상사에게 당신은 어떻게 말할 것인가?'라는 질문이 나온다면, 실제 상사에게 하는 말처럼 가정하여 이야기하면 됩니다.

역량 게임

공 무게 비교하기, 하노이의 탑, 카드 뒤집기 등 여러 가지 게임 단계로 구성되어 있으며, 게임마다 게임 풀이 방법이 소개되고, 뒤이어 바로 게임에 임하게 됩니다. 중요한 것은 게임 결과에 연연하지 않는 것이며, 정답률을 높이거나 효과적으로 고득점을 취해야 합니다. 점수 결과보다는 성향(위험회피형/모험형)을 분석하는 단계인 만큼, 게임의 점수나 순위는 중요하지 않습니다. 무엇보다 해당 기업, 직무에 더 적합한 성향인지 파악하는 단계입니다.

심층 대화

앞선 단계를 기반으로 지원자를 분석하여, 맞춤형 질문을 받게 됩니다. "당신은 직관적인 편인가요?" "일의 능률보다는 일의 순서나 체계가 더 중요하다고 생각하나요?" 등과 같은 질문이 나오며, 끝까지 앞선 답변들처럼 일관적으로 임하는 것이 중요합니다.

인적성 시험공부

시험 1~2주 전부터 해당 기업의 인적성 문제집을 구입하고, 매일매일 문제를 풀며 시간을 단축하고 감을 익히는 훈련이 필요합니다. 평균적으로 시험 전 두 권씩 문제집을 풀 것을 권하며, 온라인으로 시험을 보는 GSAT 등은 컴퓨터용 실전 모의고사 문제집을 구해 최대한 실제 시험 환경과 비슷하게 연습하도록 합니다.

온라인으로 진행되는 인적성 시험의 경우 독서대를 활용하는 것이 좋습니다. 컴퓨터 화면을 보고 문제를 풀어야 하는데, 그와 가장 비슷한 환경을 경험하기 위해서는 독서대 위에 문제집을 올려놓고, 따로 연습 종이를 마련해서 푸는 것이 좋습니다.

중요한 것은 '시간 맞춰' 푸는 것입니다. 정해진 시간 안에 빠르게 문제를 푸는 것이 핵심인 만큼, 시간제한 없이 문제를 풀면 실력을 높이는 데 도움이 되지 않습니다. 인적성 시험 문제들은 난이도가 그렇게 어렵지 않기 때문에 누구나 시간만 있으면 충분히 풀 수 있습니다. 핵심은 "짧은 시간" 안에 정확히, 빨리 많이 푸는 것입니다. 따라서 정해진 시간 안에 두뇌가 가장 효율적으로 빨리 돌아가도록 미리 훈련해 둬야 합니다.

실제 시험시간을 확인한 후, 해당 시간에 맞춰서 푸는 연습을 하고 나중에 채점하면서 못 풀었거나 틀린 문제들을 다시 풀어 보는 연습을 하면 시간도 단축되고 정확도도 높아질 겁니다.

마지막 일주일 전부터는 실제 컴퓨터 화면에 문제를 PDF 파일로 띄워 놓고 (혹은 실전 모의고사 사이트에서 문제 프로그램을 띄워 놓고) 시간 맞춰 실전처럼 풀어 보기 바랍니다.

3) 막판 스퍼트(5, 6월 / 11, 12월)

면접 준비(1차-2차-최종)

인적성검사까지 모두 합격했다면 이제 최종 관문으로 "면접"이 남게 됩니다. 원데이로 진행되는 면접도 있고, 1차-2차-3차로 각각 날짜를 따로 잡아 진행되는 면접도 있습니다.

다음 세 가지는 꼭 준비하기

① 원서(자기소개서) 출력하기

- 내가 적었던 자기소개서, 이력서를 보면서 질문이 나올 만한 것들 예상하기
- 내가 적은 소재들(경험들) 정리하기 : 구체적으로 내가 했던 일, 결과, 내가 배운 것, 역량 등

② 산업, 기업, 직무 분석

- 회사에 대해 공부하기 : 요즘 회사가 고민하는 것은 무엇일지, 회사에서 주력하는 사업은 무엇인지 등
- 직무에 대해 분석하기 : 실제 그 일을 하면 어떤 어려움이 있을 것 같은지, 어떤 일을 하는지(현직자 분석) 등

③ 모의면접(면접 스터디)

- 서로 질문 뽑아 주기
- 묻고 답하기 연습하기(말하는 연습)
- 딕션, 발음, 인상 신경 쓰기
- 1분 자기소개, 지원동기, 마지막 할 말 정도는 1분 분량/30초 분량으로 준비해 두기

면접 당일

오프라인으로 최종면접이 잡혀 있는 경우, 면접 당일 머리 손질과 메이크업 받는 것을 추천합니다. 혼자 머리 손질을 잘하지 못하는 경우 깔끔한 인상을 주기 위해 숍에서 1시간 정도 손질받으면 면접에 최적화된 인상을 만들어 줍니다. 또한, 외적으로도 준비가 되었다는 생각에 실제 면접 볼 때 더 자신감이 생길 겁니다.

면접장에는 제출했던 자기소개서, 기업 공부자료, 1분 분량으로 작성한 원고 (자기소개, 지원동기, 마지막 할 말)만 챙겨 가기 바랍니다.

무엇보다 마인드 세팅이 가장 중요합니다. 면접에서 내가 보여 주고 싶은 인상을 떠올리면서, '나는 이런 이미지로 비치고 싶어'라고 생각하고 그대로 행동하고 말하는 거죠.

취업 준비는 짧고 굵게 효율적으로 끝내는 게 최고입니다. '난 아직 준비가 안 됐으니까 이번 시즌은 준비하는 단계로 천천히 해 봐야지'라는 마음가짐보다 '이번 시즌 안에 끝낸다!'라는 생각으로 해야 전력을 다할 수 있답니다.

5. 취업 관련 조언

취업은 확률 싸움, 숫자 싸움입니다. 빨리 취업하고 싶다면 '사람을 많이 뽑는' 산업군, 직무를 선택하세요.

1) 문과생이 취업이 힘든 이유는 사람을 안 뽑기 때문이다.

2) 한 명을 뽑거나, 심지어 공고를 냈는데도 아예 안 뽑는 경우도 많다. 그러므로 내가 떨어진 건 다른 사람이 붙어서라기보다 그냥 아무도 안 뽑은 것일 수 있다.
 2-1) 그러므로 경쟁률은 사실상 의미가 없다.

3) 내가 못해서 떨어진 게 아니라 그냥 회사 사정 때문에 안 뽑히는 경우도 많다.
예) 이번에는 남자/여자를 뽑겠다는 윗선의 지시, 혹은 특정 학교 출신을 선호/배제하는 경우, 이미 내정자(회사 임원 자녀 등)가 어느 정도 정해진 경우도 있다.

4) 따라서 이런 상황에서 합격하고 싶다면 무조건 확률을 올리는 방법밖에는 없다.
 4-1) 원서를 최대한 남발하여 가능성 자체를 넓히거나
 4-2) 사람을 많이 뽑는 산업군/회사/직군에 지원하는 방법이 있다.
예) 마케팅, 인사, 회계, 홍보 직무의 경우 TO 1명(혹은 선발하지 않는 경우도 많음)
 많이 뽑는 직무 - 영업(국내영업, 해외영업), 유통 MD(홈쇼핑 등)

5) 회사는 '스펙 좋은 사람'이 아니라, '함께 어울려 잘 일할 수 있는 사람'을 뽑는다.

    5-1) 좋은 스펙, 좋은 경험을 가진 사람은 많지만, '함께 일하고 싶다'는 인상을 주는 지원자는 드물다.

    5-2) 함께 어울려 일하고 싶은 사람은 누구일까?

        – 오래오래 같이 일할 수 있는 사람

        – 일에 대한 책임감, 애정이 있는 사람

        – 일을 맡겨도 불안하지 않고, 이 사람이라면 걱정 없이 일을 맡겨도 좋을 것 같다는 인상을 주는 사람

        – 진실한 마음으로 같이 일에 대해 이야기 나눌 수 있는 사람(협력할 수 있는 사람)

        – 갈등이 발생할 때 자신만의 방법을 고집하지 않고 지혜롭게 잘 풀어갈 수 있는 사람

        – 말이 잘 통하는 사람(한 번만 말해도 말귀를 잘 알아듣는 사람)

        – 팀 안에서 자신이 기여할 수 있는 일이 무엇일까 생각하고 빠르게 캐치하여 그 자리를 메꿔 줄 수 있는 사람

        – 그에 더해 자신만의 필살기가 있는 사람

            예) 팀에서 놓치는 것이 있을 때마다 follow-up을 잘해 주는 사람, 계속해서 새로운 아이디어를 던져 주는 사람, 복잡한 아이디어가 오갈 때 깔끔하게 한마디로 정리해 주는 사람 등

    5-3) 따라서 면접에서는 나의 '능력'보다도, 내가 어떤 '사람'인지를 잘 설명할 수 있어야 한다. 일할 때의 성격은 어떠한지, 일반적인 나의 행동 및

태도는 어떠한지, 주변 친구들은 나를 어떻게 평가하는지, 나는 스스로 어떤 사람이라고 생각하는지 등의 질문들은 다 이런 맥락에서 나오는 것이다.

6) 회사는 나를 뽑지만, 마찬가지로 나도 회사를 고르는 것이다.

   6-1) 회사채용 전 과정에서 지속해서 회사 분위기를 체크하자.

   예) 면접관이 이야기하는 방식, 면접관들끼리 소통하는 방식, 질문 내용들을 통해 회사의 분위기를 짐작하자. '아, 여기는 굉장히 열린 의견을 지향하는 곳이구나.', '이곳은 굉장히 체계적인 것을 중시하는 곳이구나.'

7) 회사마다 분위기가 다르기 때문에 면접 보러 갈 때 그 회사에 맞게 나의 이미지를 수정해야 한다.

   7-1) 보통 전통적인 대기업일수록 신입이라면 '잘 협력하고 배울 수 있는 인재'임을 강조.

   7-2) 스타트업이나 외국계 기업의 경우 '비즈니스 파트너'로서의 이미지 강조.

8) 어떤 회사든 '나'를 진정으로 생각해 주는 회사는 없다.

   회사의 최우선 목적은 '회사의 이익'이다. 따라서 회사의 필요에 의해 '나'는 쓰이는 것이다.

   8-1) 면접 답변을 할 때도, 자기소개서를 작성할 때도 항상 그런 마인드 셋으

로 임해야 한다.

8-2) 개인적인 성장, 발전을 위해 회사에 다니고 싶다 (×)

회사의 성장을 위해 내가 어떻게 기여할 수 있는지를 중심으로 작성한다 (○)

9) 취업 준비 땐 나만의 '기준'을 세워야 하며, 타협하지 않아야 한다.

최소 연봉, 회사 위치, 회사의 위상, 업계, 직무, 회사 규모, 분위기 등 고려할 요인은 많지만, 사전에 분명하게 기준을 세워 놓아야 나중에 방황하지 않는다.

9-1) 기준을 세우지 않을 경우 발생하는 시나리오

[지원단계] A 회사에 지원해야 하나 말아야 하나 고민 → 고민하면서 원서 작성하느라 시간이 많이 소요

[준비단계] 지원해서 붙었는데, 준비단계(인적성 시험, 면접)에서 또 고민 → 고민하면서 계속 시간을 날림

[최종단계] 결국 합격하고도 가야 하나 말아야 하나 계속 고민 → 기회비용을 계속 생각하느라 굉장히 머리가 아프고, 마음이 오히려 불안해짐(내가 여기를 가는 게 맞나, 나중에 후회하는 것은 아닌지 자신감이 사라짐)

결국 시간 낭비, 감정 소모가 심해져서 다른 일에도 영향을 미침.

9-2) 따라서 무조건 처음부터 기준을 세우고, '여기 아니면 안 가'라는 마인드로 임해야 '진짜 내가 가고 싶은 회사'에 갈 수 있다.

10) 자격증/공모전은 그렇게 중요하지 않으니 자격증/공모전 준비할 시간에 직무 관련 경험을 쌓아 놓자.

10-1) 가장 좋은 건 인턴 경험, 혹은 회사 근무 경험(계약직, 알바 등).

10-2) 경험할 때마다 무조건 기록해 놓는다(어떤 일을 했는지, 어떤 상황이었는지, 무엇을 배웠는지 등). 기록하지 않으면 나중엔 기억나지 않는다.

11) 면접은 무조건 많이 볼수록 좋다.

그러니 연습 삼아서, 붙어도 가지 않을 기업이라도 면접에 꼭 임해 보자. 면접을 많이 볼수록 점점 더 자신감이 생기고 요령이 붙는다.

12) 자기소개서는 항상 제출하기 전에 다른 사람에게 보여 주자.

자기소개서의 핵심은 '글이 잘 읽히는가' 그리고 '필요한 내용을 말하고 있는가'이다. 이 중 하나라도 부족하면 좋은 자기소개서가 아니다.

아무리 글이 잘 읽혀도 평가자가 중요하게 생각하는 내용이 아니면 소용이 없고, 반대로 아무리 핵심 내용을 다루고 있다고 하더라도 글이 잘 읽히지 않으면 자소서가 읽히지 않은 채로 기회가 넘어간다.

12-1) 따라서 제출 전에 주변 지인(친구, 부모님, 선후배 등)에게 자기소개서를 읽어 보라고 하고 질문을 하나 던진다.

- 자기소개서에 아무리 전문적인 내용이 들어가도 '전공에 대한 지식이 없어도 술술 읽히고 잘 이해되어야' 좋은 자기소개서라는 걸 잊지 말자.

- 한 명에게라도 자기소개서 내용이 잘 이해되지 않는다는 피드백을
받는다면, 그 사람이 이해할 때까지 쉬운 단어/표현/길이 등으로 고
쳐 써 본다.

6. 인턴 첫 출근 체크리스트 여섯 가지

1) 일찍 출근하기
2) 인사하기
3) 조직도 확인하기
4) 위치 익히기
5) 회의실 익히기
6) 많이 물어보기

위의 여섯 가지만 잘해도 완벽한 첫 출근을 할 수 있습니다. 이 중에서도 한 가지만 꼽으라면 "인사하기"라고 할 수 있지요. 인사만 잘하고 와도 그날은 성공적인 첫 출근이라고 볼 수 있답니다.

1) 일찍 출근하기

- 아침 출근 시간에 길이 막히면 마음도 급해짐
- 미리 도착해서 화장실도 다녀오고, 근무 중 마실 물도 떠 놓으며 준비 시간 확보하기

출근하기 전, 회사 위치 및 소요 시간, 가는 방법을 검색해서 머릿속으로 대충 시뮬레이션을 그려 보겠죠? 그렇지만 실제 '출근길'을 경험해 보지 않았으니 첫 출근날은 평소 자신이 생각했던 것보다 +20~30분 더 일찍 도착해 있는 것이 좋습니다. 대중교통을 이용해 출근하는 경우 특히 수많은 인파 때문에 항상 변수가 생길 수 있거든요.

2호선, 9호선 급행은 출근 시간 지옥철로 유명한데, 환승을 하는 데도 평소보다 시간이 더 걸리고(인파가 너무 많아서 걸어가기도 쉽지 않아요), 환승하고 나서도 사람이 너무 많아서 도착한 지하철을 바로 타지 못하고 그냥 보내야 하는 경우도 생깁니다. 이런 변수를 모두 예상하지 못하고 출근 시간에 딱 맞게 집을 나선다면 마음이 절로 급해지는 상황이 생기곤 하죠.

그러다 보면 평소 자연스러운 나의 모습을 100% 보여 주지 못하고, 좋지 못한 첫인상을 남길 수 있으니 20~30분 정도 일찍 도착할 것을 추천합니다. 여유로운 모습으로 화장실도 다녀오고, 매무새도 가다듬으면서 마음을 가라앉히고 적응하는 시간이 필요합니다.

신입사원이라면 비단 첫 출근뿐만 아니라 첫 주, 첫 달, 처음 1년은 출근 시간보다 20~30분 정도 일찍 와서 하루를 준비해 보세요. 화장실도 다녀오고, 물도 떠 오고, 오늘 할 일을 정리하면서 본격적으로 일하기 전 워밍업할 시간을 갖는 겁니다.

2) 인사 잘하기 & 환하게 웃기

- 모르는 사람에게도 인사 열심히 하기
- 엘리베이터 안에서도 인사하기
- 특히 "안녕하세요, ○○님!" 하고 이름 넣어 부르기(이름 기억하기에도 좋음)
- 초면일 때는 "신규입사자 ○○○입니다!" 이렇게 이름 꼭 알리기

첫 출근은 왜 중요할까요? 바로 일터에서의 나의 첫인상을 보여 주는 날이기 때문입니다. 서로 첫 모습을 보이는 자리인 만큼, 무엇보다도 첫 인사가 정말 중요할 것입니다. 낯을 많이 가리더라도 인사만큼은 큰 목소리로, 잘해 보세요. 무엇보다도 나는 그 집단의 '신입', '신규 입사자'이고 나를 모르는 사람들에게 처음 알리는 일이기에 반갑게 인사하기만 해도 좋은 인상을 줄 수 있을 겁니다.

우선 회사에서 마주치는 모두에게 인사하는 것이 좋습니다. 언제 어떻게 업무적으로 연관이 생길지 모르고, 안면을 틀 좋은 기회니까요. '다른 팀이면 뭐 어때, 서로 인사하면 기분 좋잖아?'라는 마인드로, 부끄러워하지 말고 먼저 인사를

건네 보세요.

이름을 안다면 "○○님 안녕하세요~" 이렇게 이름을 넣어 인사하는 걸 추천합니다. 더욱 친근감을 줄 수 있고, 상대의 이름 기억하기에도 좋은 방법입니다. 초면일 때는 "안녕하세요~ 저는 이번에 새로 입사한 ○○입니다. 앞으로 자주 뵈어요!" 이렇게 본인의 이름을 알리는 것도 방법입니다.

회사 한 바퀴를 돌면서 담당 사수가 다른 팀원들에게 신입사원을 소개해 주는 자리가 있는데, 짧게 "안녕하세요~" 하기보다는 적극적으로 "안녕하세요! 이번에 ○○부서에 입사한 ○○○입니다!"처럼 본인의 이름을 다시 한번 말하는 것이 좋습니다. 회사 안에서 내 존재감(Visibility)을 높이는 첫걸음, 바로 이름을 많이 알리는 것입니다.

3) 조직도 확인하기(이름, 얼굴, 자리, 직무, 직급, 팀)

- 회사에서 사람을 만나면 즉시 노트하기
- 회사 웹사이트 내 조직도 확인, 암기하기
- 조직도는 메신저를 통해서도 확인 가능
- 잠금화면(홀드 화면)에 메모하기

회사에 발을 내딛는 순간부터 만나는 모든 이들은 얼굴과 이름, 소속팀, 직무, 그리고 자리를 기억해 놓겠다고 생각하기 바랍니다. 이름과 얼굴을 잘 기억하지 못하는 편이라면 메모장에 기록하는 방법을 추천합니다.

회사 내 조직도를 검색해서 회사 내부에 어떤 분들이 있는지 확인하며 외우는 것도 방법입니다. 회사 조직도는 보통 회사 메신저, 혹은 사내 포털 사이트 → 인사 항목에 들어가면 확인할 수 있습니다.

특히, 밀접하게 업무를 같이 하게 될 이들은 따로 메모장에 적어 캡처한 후 잠금화면을 설정해 놓는 것도 좋아요. 이름이 기억나지 않을 때 참 당황스러운데, 그럴 때 바로 화면을 켜서 참고할 수 있답니다. 상대방의 이름을 잊어버리면 어색해지기 쉬우므로, 조직도를 확인해서 어떤 분인지 이름과 얼굴을 빠른 시간에 외우도록 합니다.

첫 주에는 돌아다니면서 동료들의 자리를 유념해 두는 노력도 필요합니다. 어느 팀이 어느 자리에 있는지, 나와 함께 일할 사수, 팀원, 팀장님은 각각 어떤 자리에 있는지 의식하여 파악해 두기 바랍니다.

4) 회사 내 구조(위치) 익히기

- 화장실
- 탕비실(물, 간식, 커피)
- 휴게실(나중에 점심 사 와서 먹을 장소)

처음 출근해서 회사 내 어떤 공간들이 있는지 빠르게 파악하면 새로운 공간이 낯설게 느껴지지 않고 점점 편안해질 거예요. 회사에는 보통 화장실이 여러 군데 있기 마련입니다. 또 물과 커피를 마실 수 있는 탕비실도 한번 방문해 보세요. 혼자서 점심을 먹게 될 경우, 회사 안에서 먹을만한 공간(휴게실)이 있는지도 확인하길 바랍니다. 인사담당자와 처음 회사를 돌며 인사 나눌 때 일일이 설명해 주지 않았다면 직접 회사를 탐방한다고 생각하고 이곳저곳 방문하면서 빠르게 회사 건물과 친해지도록 합니다.

5) 회의실 익히기

- 회의실 위치, 수용 인원수, 용도
- 회의실 예약 방법
- 알아 두면 좋은 사항(예. ○○팀은 특히 ○○회의실을 많이 사용)

회의가 많은 팀들은 회의실을 자주 이용할 것입니다. 혹 그렇지 않더라도 회의실을 알아 두는 건 유용하죠. 회의실을 익힐 때는 아래 세 가지 사항을 기억해 두면 좋습니다.

① 각 회의실이 어디에 있는지
② 회의실별 수용 인원(1~2명 / 6~10명 / 20명 이상)
③ 회의실 용도(폰 부스 / 소형 팀 회의 / 화상회의 특화 / 전체 발표세션용 회의실)

더불어 회의실 예약하는 방법도 알아 두는 것이 좋습니다. 회사별로 예약하는 방법이 다를 텐데, 이중 우리 팀이 주로 이용하는 회의실은 어디인지 파악해 두기 바랍니다.

우리 팀은 주로 이용하는 회의실이 A, B다
팀장님과 미팅이 잡힐 경우 C 회의실을 선호한다
월별 전체 미팅은 D 회의실에서 한다

이런 정보들은 누가 먼저 알려 주지 않지만, 알고 있다면 실제 일하는 데 있어서 굉장히 센스 있고, 입사한 지 얼마 안 되었는데 벌써 한 구성원처럼 친숙한 느낌, 자연스러운 느낌을 주기 좋답니다.

6) 많이 물어보기

- 알아도 물어보자(원래 물어보면서 친해진다)
- 몰라도 물어보자(신입사원이 모르는 건 당연하다)

마지막은 많이 물어보는 것입니다. 신규 입사자면 모르는 것이 당연합니다. 부끄러워하지 말고 이것저것 많이 물어보기 바랍니다. 여러 질문을 하면서 팀원들과 빠르게 친해질 좋은 기회로 삼으세요.

회사생활은 일도 중요하지만, 무엇보다도 여러 사람이 모여 있는 곳이다 보니 빠르게 사람들 사이에 스며드는 것이 가장 중요합니다. 인턴이나 신입일 때는 특히 업무에 대한 부담감보다는, 인간적으로 내가 어떻게 하면 기존 직원들과 잘 융화되어 어울릴 수 있을지 생각하고, 너무 잘해야 한다는 생각을 버리세요. 무엇보다 인사만 잘해도 아주 성공적인 첫 출근을 하게 될 거랍니다. 여러분의 첫 출근을 응원합니다!

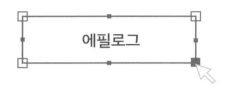

에필로그

대학 생활에는 정답이 없습니다. 제가 경험해온 대학 생활이 정답이라고 할 수 없으며, 모두의 대학 생활은 각자의 모양대로 빛이 날 것입니다. 다만 저의 신조는 '모든 것은 직접 경험해 보자'입니다. 다른 사람의 경험은 단지 참고용으로 의미가 있을 뿐이며, 내가 직접 경험하기 전까지는 아무도 모르는 것이니까요.

따라서 제가 감히 누군가에게 조언하는 것이 조금 불편하기도 합니다. 각자의 인생에 길은 하나가 아니며, 저보다 훨씬 멋있고 다채롭게 사는 분들도 많을 테니까요. 무엇보다 '나답게' 사는 것이 가장 중요합니다.

인생에는 정답이 없다고 생각하지만, 제가 드리는 다음 두 가지 팁은 비단 대학 생활뿐만 아니라 인생을 살면서 정말 많은 도움이 될 것이라고 생각합니다.

첫 번째는, 기록하라는 것입니다.

2020.7.5   2021.3.16   2021.5.17

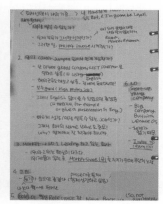

저는 지금까지 총 네 번의 인턴을 하면서, 인턴 기간이 끝날 때마다 제가 가고 싶은 회사의 기준, 제가 나아가고 싶은 커리어의 방향에 대해 다이어리에 기록해 놓곤 했습니다.

첫 번째 회사에서의 인턴십이 끝나고 나서 일곱 가지 기준을 정했고, 신기하게도 두 번째 회사가 그 기준들에 모두 맞아떨어졌습니다. 두 번째 회사에서 인턴을 마친 후, 다시 열세 가지의 기준을 정했으며, 세 번째 회사를 경험한 다음 또다시 여섯 가지 기준을 정했습니다.

신기한 것은 제가 기록해 놓을 때마다 그 기준들이 더더욱 명확해졌다는 것이며, 저의 결정을 더욱 확신하게 되었다는 것입니다. 스스로에 대한 확신이 생기지 않을 때마다 제가 이전에 기록해 놓았던 감정과 생각들을 보면서 흔들리지 않을 수 있었고, 결국 지금은 원하는 일을 하면서 또 새로운 미래를 생각하며 매일 설레는 하루를 보내고 있습니다.

대학 생활하는 동안 여러분의 하루하루는 정말 쏜살같이 갈 것입니다. 매일이 쌓여서 값진 경험이 될 테니 내가 오늘 느낀 감정들, 값진 경험들을 그냥 흘려보내지 않고 조금이라도 메모해 둔다면 미래에 어떤 결정을 할 때 훨씬 단단한 자산이 될 겁니다.

두 번째는, 항상 가능성을 열어 놓고 도전하라는 것입니다.

전 하버드대학 교수 조던 피터슨의 말을 인용하자면, "한 발은 질서 위에, 그리고 다른 한 발은 혼돈 위에 딛고 살라"고 말하고 싶습니다. 즉, 한 발은 재미없지만 현실적인 세계에, 또 다른 한 발은 이상적이고 도전적인 세계에 놓자는 것입니다.

저는 어떤 것이든지 직접 '경험'해 봐야 한다고 생각합니다. 아무리 다른 사람들의 경험을 들어도, 내가 직접 경험하지 않으면 믿을 수 없기 때문이죠. 그렇기에 저는 대학 생활하는 동안 온갖 호기심을 바탕으로 해 보고 싶은 일들은 대부분 도전하면서 살았습니다. 하지만, 반드시 지켜야 하는 것들은 꼭 지키면서 도전했지요.

반드시 지켜야 한다는 것은 저만의 원칙이었는데, 예를 들면 '모든 수업은 빠지지 않고 참여하면서' 새로운 활동을 했습니다. 저는 이런 것들이 '질서'라고 생각합니다. 재미없지만 현실적인 세계에서 지켜야 하는 것들이 있습니다. 그런 것들은 자기만의 원칙을 세우고, 절대 타협하지 마세요.

하지만 동시에 다른 한 발은 내가 갈망하는 세계에 거침없이 담그세요. 그동안 한 번쯤은 해 보고 싶은 일들이 있다면 '왜 안돼?'라는 생각으로 과감히 도전해 보세요.

대학생 때 '한번 해 보자!'라는 마음으로 도전했던 순간들은 결코 잊을 수 없습니다. 이렇게 도전했던 경험들이 결국 나의 도전의 역치를 높여서, 더욱 과감한 선택을 하게 만들고 용기를 준답니다.

한 번뿐인 대학 생활을 소중하고 다채로운 경험들로 가득 채우길 바랍니다. 언제나 나의 선택만 있을 뿐, 정답은 없다는 것을 기억하세요!